ACTEURS ET ACTRICES D'AUTREFOIS

Documents et anecdotes publiés sous la direction de M. LOUIS SCHNEIDER

Bocage

par

Paul Ginisty

LIBRAIRIE
FÉLIX ALCAN

BOCAGE

ACTEURS ET ACTRICES D'AUTREFOIS
Documents et Anecdotes
publiés sous la direction de M. LOUIS SCHNEIDER

BOCAGE

PAR

Paul GINISTY

LIBRAIRIE FÉLIX ALCAN
108, BOULEVARD SAINT-GERMAIN, PARIS
1926

IL A ÉTÉ TIRÉ DE CET OUVRAGE :
100 exemplaires sur papier Lafuma pur fil,
numérotés de 1 à 100.

CHAPITRE PREMIER

ANNÉES DE MISÈRE

Comme d'autres comédiens, dont le nom appartient à l'histoire du théâtre, celui qui devait être l'interprète des grandes œuvres romantiques et, sur la scène, incarner une époque, eut ses années de misère et des débuts difficiles.

A dix-huit ans, Pierre-François Touzé-Bocage était encore ouvrier tisserand, à Rouen, sa ville natale (1). Il travaillait de ses mains, mais il était plein de rêves, il vivait dans une fièvre continuelle. Sa pensée était loin de la besogne qu'il accomplissait : elle lui faisait entrevoir confusément un vaste champ d'action. Il s'était instruit seul, tant bien que mal, lisant passion-

(1) L'an 8 de la République Française, le 21 Brumaire (12 octobre 1799) avant midi, devant nous, soussigné, officier public de la commune de Rouen, est comparu Guillaume Touzé, toilier, quartier Martainville, lequel, en présence des témoins ci-après désignés, m'a déclaré que, le jour d'hier, à 7 heures du soir, en son domicile, et de son mariage avec Marie-Anne-Elisabeth-Louise Porée, contracté le 9 mai 1792, en la ci-devant paroisse de Saint-Vivière de cette commune, il lui est né un enfant de sexe masculin, auquel il a donné le nom de Pierre-François. Le père a signé : Touzé, dit Bocage. »

En paraissant sur la scène, Pierre-François ne prit donc pas précisément un pseudonyme.

nément les livres que lui prêtait un vieux bouquiniste, auquel, pour n'être pas en reste avec lui, il rendait de menus services.

Son père, après une suite de malchances, avait dû abandonner sa petite fabrique, où il avait engagé son modeste avoir ; il avait trouvé une place de contremaître à Paris. Ses deux fils aînés l'avaient suivi. Pierre-François, leur cadet, était resté à Rouen, avec sa mère. L'existence était malaisée pour la famille ainsi éparpillée ; ceux de Rouen, à peu près abandonnés par les autres, avaient le plus mauvais lot.

Tout enfant, Pierre-François avait cardé du coton, au salaire de trois francs par semaine, dans l'usine où sa mère était employée. Mme Touzé était aigrie par les épreuves qui ne l'avaient guère épargnée, et les soucis matériels l'absorbaient. Certes, elle aimait son fils, mais sans cesse inquiète du lendemain, toujours en face de problèmes à résoudre, peinant elle-même au delà de ses forces, elle n'avait pas le temps d'observer en lui des aspirations ardentes, une sorte d'anxiété, un constant état de nervosité.

A quatorze ans, Pierre-François, par un coup de tête, s'était enfui du logis maternel, avait fait à pied la route jusqu'à Paris et était arrivé, mourant de faim, chez son père qui, après lui avoir donné à manger — ce qui était le plus urgent — l'avait renvoyé à Rouen.

L'adolescent, désillusionné, rentra donc au pauvre

gîte où il était attendu. Cette fugue, cependant, avait alarmé Mme Touzé : elle se montra un peu plus attentive, sans bien comprendre l'agitation intérieure de ce grand garçon, plus grand en effet qu'il n'eût dû l'être pour son âge, assez mal bâti alors, monté sur des jambes maigres qui ressemblaient à des échasses. Il s'était remis à son métier. Il y eut, peu à peu, quelques légères améliorations dans leur sort. La vie fut moins âpre. La mère et le fils se connurent mieux, non sans que leurs idées s'opposassent souvent. Mme Touzé, à qui les déboires n'avaient pas été épargnés, si modérées qu'eussent été les ambitions de son mari, redoutait pour Pierre-François ce qu'elle appelait ses chimères. Il ne s'agissait, d'ailleurs, que de projets vagues. Elle ouvrait de grands yeux quand le jeune tisserand lui disait qu'il étouffait dans son milieu et qu'il voulait vivre.

Il allait parfois — aux dernières places — au théâtre de Rouen, et il en revenait troublé. Il déclamait, quand il était seul, les tirades qu'il avait retenues ou, tout en maniant la navette, il se les récitait à voix basse, ce qui faisait sourire ses compagnons de travail. D'un caractère assez ombrageux, il ne livrait pas ses enthousiasmes. Il ne parlait guère de théâtre qu'avec son ami le bouquiniste qui, jadis, avait été grand amateur de comédies et de tragédies. Les vaudevilles jetaient Pierre-François dans une manière d'indignation, car il était entier dans ses goûts. La vocation se dessinait en lui, sans qu'il osât la reconnaître encore. Il sentait l'insuffisance de son bagage intellectuel. Avec une ferme volonté, il mit quelque ordre dans ses lectures.

Ce qu'il savait sûrement, c'était son besoin d'activité, son désir de tenter quelque chose, de faire un effort personnel, dût-il se jeter dans l'aventure. Les privations, s'il devait en subir dans ses premières luttes, ne l'effrayaient pas : il avait été habitué à la misère. Dans sa dix-huitième année, il partit de nouveau pour Paris, et, de nouveau, pour ménager son mince viatique, à pied, chaussé, dit-on, de sabots.

Quand, son infime pécule épuisé, il arriva à Paris, son père ne lui fit pas un accueil plus encourageant que la première fois. Mais un de ses frères s'était établi et avait un commerce d'épicerie, qui devait prospérer plus tard. Son frère, non sans lui avoir fait aussi quelques reproches de son équipée, lui donna un abri provisoire, à la condition pourtant que Pierre-François trouverait immédiatement un emploi. Il avait haussé les épaules quand il avait entendu parler de rêves de théâtre.

L'emploi, ce fut celui de petit clerc dans une étude d'avoué, à trente francs par mois. Puis, n'ayant plus à compter que sur lui-même, le jeune homme eut d'obscures fonctions, qui n'étaient pas beaucoup plus rétribuées, au greffe du Conseil de guerre. Mais le théâtre était le seul objet de ses ambitions, et il s'y préparait comme il pouvait, en apprenant des rôles et en suivant le plus de représentations qu'il lui était possible. Si peu coûteuses que fussent alors les petites places, il se désespérait, avec son dérisoire budget, de ne pouvoir faire cette dépense, dût-il se passer de ses semblants de dîners habituels. Le greffier du Conseil de guerre le payait mal ; du moins, ayant jadis lui-même tâté du théâtre, ne le décourageait-il pas dans ses aspirations. Il lui enseigna les moyens d'assister gratuitement aux spectacles, soit comme claqueur, soit en parvenant à se procurer des billets.

Ce fut pour Bocage une dure période, avec toutes les humiliations d'une extrême pauvreté, celle de son habillement, surtout, ne prévenant pas en sa faveur ; car, pour les autres privations, il avait trop de fierté pour ne pas les dissimuler. S'il laissait, par hasard, échapper quelques mots sur ses ambitions, on était tenté d'en sourire. Il ne faisait guère figure, en effet, d'un héros de théâtre : cependant il était doué d'une forte volonté, et il n'abandonnait pas ses rêves.

Ce fut un obstacle matériel qui le jeta dans une crise de désespoir. Il avait songé à se présenter à l'examen d'admission du Conservatoire, dont l'époque était revenue. Le Conservatoire, ce devait être le premier pas dans la carrière à laquelle il se vouait. Mais il jeta un regard sur ses misérables vêtements : il était impossible que, dans son accoutrement habituel, par trop rapiécé, il affrontât le jury. Il alla demander à son frère le prêt, au moins, d'habits convenables. Le commerçant, qui eût aidé Pierre-François si, à son jugement, celui-ci n'eût pas eu des idées aussi utopiques, refusa. Dans l'état d'exaltation où il vivait, ne se nourrissant guère que d'espoirs, Bocage vit se fermer l'avenir. Il eut un moment de découragement. Puisque tout était contre lui, il n'avait plus qu'à s'aller noyer. Il avait pensé à se précipiter dans la Seine du haut du Pont des Arts; mais il y avait, en ce temps-là, un péage, et le candidat au suicide ne possédait pas le sou nécessaire pour l'acquitter. Il choisit donc le Pont-Neuf.

Cependant, le frère de Bocage s'était alarmé de l'air de résolution avec lequel son cadet lui avait annoncé son dessein. Il l'avait suivi, et il le rejoignit au moment où Pierre-François cherchait la place d'où il ferait un plongeon définitif.

— « Allons, viens, lui dit-il, on t'habillera ! »

Mais, soit qu'il se débarrassât de vêtements hors d'usage pour lui, soit qu'il mît là quelque intention narquoise, souhaitant toujours détourner Pierre-François du théâtre, il affubla l'aspirant tragédien d'un étrange costume, qu'a décrit Félix Pyat :

« On appela M. Bocage. Sous ce nom plaisant parut un garçon plus plaisant encore. Figurez-vous, en 1818, un pantalon jaune collant sur deux cuisses maigres de l'un des mortels les plus mal faits qui fussent ; un habit bleu barbeau à larges basques, comme on n'en portait même plus à la fin de l'Empire, sur un grand corps dont les épaules, naturellement insubordonnées, étaient devenues plus inorthodoxes encore par les jeûnes et les mille privations d'une vie toujours misérable. L'hilarité de l'auditoire fut homérique. Le jeune homme ne se déconcerta pas et déclama sérieusement le morceau exigé :

Grand Dieu, j'ai combattu soixante ans pour ta gloire !

« Il fut refusé. Le jury se composait de deux professeurs de chant, trois professeurs d'instrumentation, deux maîtres de danse... »

Ce croquis est amusant, mais il est parfaitement inexact. Félix Pyat avait, pour l'effet, forcé la note. Le jury se composait de Saint-Prix, de Michelot, de Fleury, qui en faisait partie pour la dernière fois, et de Provost, alors répétiteur. Certes Bocage, qui devait, après *Antony*, mettre à la mode ses attitudes, ne payait pas de mine, alors. Mais ses juges ne purent pas n'être pas frappés de son ardeur, de sa sensibilité, du feu sombre de ses regards, de la force dramatique qui émanait de lui. Cette légende du refus, propagée par tous ceux qui ont parlé de Bocage, se trouve avoir été démentie par lui-même. Nous aurons à citer des lettres de lui, où il fait allusion à ses études au Conservatoire, ayant eu comme professeur Provost, à peine plus âgé que lui, suppléant Fleury.

Mais il ne resta pas longtemps au Conservatoire, la première nécessité étant de vivre. Il trouva un engagement dans une troupe de province. Comme quelques autres débutants peu fortunés, à quels artifices dut-il avoir recours pour paraître devant le public avec quelque semblant d'élégance ! Il eut alors des désillusions ; il aspirait aux grands rôles tragiques et on lui faisait jouer des vaudevilles, qu'il abhorrait. Avec le caractère entier qui s'attestait en lui, il se rebella contre l'obligation de chanter des couplets. A peine sur les planches, il montrait cette intransigeance qui devait être son trait particulier dans une partie de sa carrière. Né pour le drame et la haute comédie, il ne voulait pas s'abaisser. Il fit admettre qu'il ne profanerait pas sa voix à ces futilités. Il abordait la scène — où que ce fût — avec un idéal auquel il entendait ne rien sacrifier.

On raconte que, à Nancy, cette condition qu'il avait faite de ne pas chanter, le mit dans une situation assez fâcheuse. Il jouait Almaviva, du *Barbier de Séville*. Sa dignité, puisqu'il s'agissait de Beaumarchais, ne se fût pas offusquée de la romance de Lindor, mais il manquait d'entraînement pour la nuancer musicalement. Il fut convenu qu'il ouvrirait la bouche, et que la romance serait chantée dans la coulisse. Or, le chanteur, peut-être intentionnellement, pour rendre la monnaie de sa pièce à un comédien qui ne voulait être que comédien, ne se trouva pas à son poste, derrière le décor, au moment où Bocage pinçait les cordes de sa guitare. Il avait beau la gratter fiévreusement, la voix attendue ne se faisait pas entendre. Almaviva dut la remplacer par une mimique expressive qui, en se prolongeant, fit rire le public. Bocage, furieux, sortit de scène et cassa la guitare sur la tête du directeur, qu'il rendit responsable de sa mésaventure. Bien qu'il risquât de se retrouver sur le pavé, ne daignant plus se commettre avec des gens qui l'avaient exposé à une telle avanie, il rompit son engagement, ce à quoi consentit le directeur, qui avait déjà eu l'occasion de voir que son pensionnaire était d'humeur difficile. Bocage retrouva cependant à s'employer, et d'une façon plus conforme à ses goûts, soumis toutefois à bien des hasards ; mais il prenait conscience de ses moyens. Il travaillait opiniâtrement, ne se contentant pas des rôles qu'il jouait, mais étudiant tous ceux du répertoire. L'accueil qu'il recevait des habitués des théâtres où il paraissait fortifiait ses ambitions. Cest vers Paris que le menait sa pensée, et c'est à la première scène dramatique qu'il rêvait.

CHAPITRE II

PREMIÈRES CAMPAGNES

Le 3 mai 1821, il écrivait cette lettre, très simple de ton, mais qui indiquait la confiance qu'il avait mise en lui :

Paris, 3 mai 1821.

A Messieurs les Artistes Sociétaires composant le Comité du Théâtre-Français.

MESSIEURS,

Elève de l'Ecole Royale de déclamation, j'ai tenu l'emploi des jeunes premiers (tragédie et comédie) dans plusieurs villes, notamment dans celles de Gand et de Marseille.

Je désirerais avoir l'honneur d'être entendu par vous, afin d'être admis à débuter sur la scène française, si vous m'en jugez digne.

Veuillez, Messieurs, avoir la bonté de me répondre le plus tôt possible.

J'ai l'honneur d'être, avec un profond respect, votre très humble et très obéissant serviteur.

BOCAGE,
rue du Faubourg-St-Jacques, 334 (1).

(1) Inédit. Archives de la Comédie-Française.

Le Comité était alors composé de Saint-Fal, le « Nestor de la Comédie », d'Armand, qui avait hérité de quelques-uns des rôles de Fleury et qu'un journaliste narquois appelait « le plus vieux de nos jeunes amoureux », de Michelot, dont on vantait l'art de porter l'épée et l'habit brodé ; de Cartigny, qui tenait l'emploi des valets ; de Devigny, qui avait celui des financiers ; du tragédien Desrousseaux et de Mlle Mars. Lemazurier, qui, onze ans auparavant, avait publié sa *Galerie historique du Théâtre-Français*, était le secrétaire du Comité.

La réponse ne tarda guère, puisque Bocage était admis à débuter le 22 juin. Ce ne fut pas ce jour-là, cependant, qu'il aborda la scène. Il prévint l'administration, par une lettre qui sembla assez cavalière aux anciens de la Maison que, engagé pour quelques représentations à Rouen, il ne pourrait tenter l'épreuve que le 2 juillet (1). On ne lui accorda comme délai que deux jours.

Il débuta dans la pièce de Bouilly, *L'Abbé de l'Épée*, qui, depuis vingt ans, était au répertoire. Bocage jouait le seul rôle d'amoureux de la pièce, celui de Saint-Alme, ami d'enfance du sourd-muet auquel l'abbé de l'Épée fait rendre justice.

En cette soirée du 24 juin 1821, voici quelle était la distribution de *L'Abbé de l'Épée* : l'abbé, Saint-Fal ; d'Arlemont, Grandville ; Saint-Alme, Bocage ; Franval, Saint-Aulaire ; Dupré, Caseneuve ; Dominique, Mon-

(1) Archives de la Comédie-Française.

rose ; Desbois, Faure ; Mme Franval, Mme Tousez ; Clémence, Mme Wenzel ; Jules, Mlle Bourgeois ; Marianne, Mme Desmousseaux.

Cette épreuve, tant désirée par Bocage, ne lui fut pas favorable. Il ne fut pas reçu. On n'avait pu lui contester de l'âme et de la chaleur, mais on lui avait trouvé « une trop grande taille, peu de soin et d'élégance dans la tenue (1) ».

Déçu, mais non découragé, il retourna pendant une année en province, puis il se présenta à l'Odéon, qui avait alors ses sociétaires comme la Comédie-Française. La direction administrative du théâtre était confiée à Gentil, chansonnier et auteur dramatique, dont on se rappelait surtout un vaudeville qui avait eu jadis une heureuse carrière aux Variétés, *La Chatte merveilleuse.* Il attestait, sous les Bourbons, un zèle royaliste égal à son zèle pour l'Empire sous Napoléon.

Il existait un « Comité d'audition », composé d'auteurs dramatiques, d'un professeur à l'École royale de déclamation et de comédiens. Talma en faisait partie. L'*Almanach des Spectacles* donne, pour l'année 1822, Gentil, Raynouard, l'auteur des *Templiers,* Brifaut, autre académicien qui, jadis avait dû, par ordre, transformer en une tragédie assyrienne, *Ninus II,* un ouvrage évoquant des personnages beaucoup moins anciens et dont l'action se passait en Espagne ; Roger,

(1) *Almanach des spectacles.*

également académicien, dont on avait déjà oublié les comédies, *L'Avocat* et *La Revanche*; Auger, qui était aussi de l'Académie, pour ses commentaires sur Molière et surtout de par la protection royale; Granger, professeur au Conservatoire qui, en des temps lointains, avait débuté à la Comédie-Italienne. Trois acteurs et une actrice sociétaires de l'Odéon étaient à tour de rôle désignés pour ce Comité qui, après avoir décidé les débuts du candidat, se prononçait pour son admission ou son refus.

Bocage parut, devant cet aréopage, sur cette scène de l'Odéon que, vingt-trois ans plus tard, il devait diriger. Il fut admis, après avoir joué *Le Menteur* et *Les Étourdis ou le Mort supposé*, d'Andrieux : le rôle de Folleville, jeune étudiant aidant un camarade à abuser un brave homme d'oncle, demandait de la verve et de la légèreté.

A l'Odéon, le futur Antony se rencontrait avec le futur Robert-Macaire : Frédérick-Lemaître. Celui-ci avait été engagé, deux ans auparavant, par Picard, le prédécesseur de Gentil, et jouait les confidents de tragédie, triomphant peu à peu d'un grasseyement d'abord sensible, attestant un zèle qui n'était que peu apprécié : « Frédérick, habillé en Pylade, disait le *Miroir*, est bien le personnage le plus ridicule qui se puisse voir. MM. de l'administration s'obstinent à le faire parler, tandis que les spectateurs voudraient le voir avec ceux qui ne parlent pas : il serait alors à la hauteur de son rôle .» En septembre 1822, un coup rude devait frapper Frédérick : il avait sollicité de l'augmentation ; il lui fut répondu par une résiliation de son engagement à partir du 1er avril 1823.

A l'Odéon, Boçage trouvait aussi Mlle Georges, qui venait d'y faire sa rentrée et, parmi ceux des comédiens dont le nom a survécu, Joanny qui, quatre ans plus tard, devait être appelé à succéder à Talma ; Samson qui, jouant à Rouen, avait été réclamé par Picard en 1819 ; Éric Bernard, tragédien solide ; Perrier, le premier acteur, la colonne du théâtre, que la Comédie-Française allait lui enlever ; Provost, répétiteur au Conservatoire, dont le succès ne se dessinait encore que péniblement (avec ses 4.000 francs d'appointements, il était pourtant un des comédiens les mieux payés de l'Odéon) ; Chazel, que l'on surnommait l' « ultra-naturel » ; Lafargue, qui venait du boulevard du Temple ; Armand, comique facétieux à la ville comme au théâtre (1) ; David, excellent acteur, mais de caractère difficile, regrettant la rue Richelieu, qu'il avait pourtant quittée volontairement ; Duparai, à qui on reprochait quelque vulgarité ; Mlle Anaïs, qu'on appelait le « bijou de la rive

(1) C'est lui qui, un jour d'orage, alors qu'il était pressé de se rendre au théâtre, avise un passant pourvu d'un confortable parapluie ; Armand l'aborde, comme s'il le connaissait depuis longtemps, l'intéresse à ce qu'il dit, et, en occupant son attention, l'amène à prendre le chemin de l'Odéon. Quand il est arrivé, il regarde bien en face le possesseur du parapluie qui l'a obligeammant abrité. — « Mille pardons, dit-il, je vous prenais pour M. X... L'affaire dont je vous ai entretenu le regardait. »

gauche » et qui devait rentrer à la Comédie-Française, à laquelle elle avait déjà appartenu ; Elisa Wenzel, future comtesse Orloff ; Suzanne Brohan à ses débuts, après quelques années en province, où elle avait été peu remarquée, — exemple consolant pour des artistes dont la carrière ne se dessine pas tout de suite.

Bocage joue surtout les rôles du répertoire. On remarque « son ton décent et ses manières aisées ». La première pièce nouvelle où il paraît, avec Perrier et Samson, est *Le Pour et le Contre,* du vaudevilliste Sewrin, qui écrivait ses comédies à l'Hôtel des Invalides, où il avait des fontions administratives. Bien qu'il soit apprécié dans *Le Frère et la Sœur,* de Camus-Merville, l'auteur de *La Famille Glinet,* pièce à laquelle Louis XVIII passe pour avoir collaboré, Bocage ne fait pas de créations bien nombreuses sous la direction de Gimel, qui succède à Gentil. Il piétine sur place.

Quel souvenir d'horreur devait lui laisser, quand il afficha ses sentimeuts républicains, fût-ce par des démonstrations tapageuses, une certaine soirée de décembre 1824 où il dut jouer, devant les princes de la famille royale, une pièce de circonstance, *Le Siège de Gênes !* Par une transparente allusion, le duc d'Angoulême, après l'expédition d'Espagne, était célébré,

> Chef adoré de cent mille soldats

comme le plus fameux des guerriers.

Malgré « ses longs bras pendant à ses côtés » que signalaient les petits journaux de théâtre, Bocage a du succès dans la reprise de *Beverley*, cette « tragédie bourgeoise » de Sewrin, qui datait de 1768. C'était — en moins de trente ans — le tableau de la vie d'un joueur. Le rôle, très dramatique (Beverley, au dénouement, s'empoisonnait et tentait de poignarder son fils), lui permettait d'être déjà « fatal », avant que la fatalité fût monnaie courante romantique.

Mais l'Odéon était alors fort malchanceux : les directions s'y succédaient. Après la retraite forcée de Gimel, Wolff, dit Bernard, qui avait traversé la Comédie-Française et joué la tragédie en province, prenait la responsabilité du théâtre, avec un programme singulièrement élargi. L'Odéon devait jouer tous les genres, de l'opéra à la comédie. La troupe lyrique, devenue envahissante, fit faire des économies dans la troupe dramatique, et Bocage ne fut pas réengagé pour 1825. Au demeurant, Bernard lui-même se prodiguait non seulement comme directeur, doué d'une fébrile activité qui s'alliait avec de la rondeur, mais aussi comme acteur. Il eût volontiers joué tous les rôles, discutant au besoin avec le public, qui avait pris l'habitude de l'interpeller. Du moins il ne chantait pas ; mais, faisant une large part à la musique, il donna coup sur coup *Le Barbier de Séville*, *La Gazza Ladra*, *Robin des Bois*, *Les Noces de Gamache*, *Les Français au Sérail*, l'*Otello*, de Rossini, *La Dame*

du Lac, Préciosa, Marguerite d'Anjou, de Meyerbeer...

Bocage était retourné en province. Cependant, dès 1826, Bernard était à bout de souffle. Il était remplacé par Frédéric du Petit-Méré, auteur dramatique qui, privé par la Comédie-Française, les ayant appelés à elles, de quelques-uns des acteurs les plus éprouvés du théâtre, devait combler le vide qu'ils laissaient. En même temps qu'entrait dans la maison Beauvallet, à la voix de basse-taille, Beauvallet, fondateur d'une dynastie d'artistes, le futur Job des *Burgraves,* Bocage y rentrait. Il y rentrait dans *Tartuffe.* C'est surtout dans la comédie qu'on l'employait. L'histoire dramatique n'a gardé qu'un faible souvenir des pièces qu'il joua alors, *L'École des Veuves, L'Homme Habile, Le Généreux par Vanité,* un des plus faibles ouvrages de Picard, à son déclin, *Le Mariage par procuration, Le Prisonnier de Newgate, La Première Affaire* (rôle d'un jeune officier de marine qui donne une sévère leçon à un bretteur), *L'Important, La Sœur* ou *Les Deux Riches,* de Merville. Dans cette pé-période il ne paraît que dans une tragédie nouvelle, *Les Vénitiens,* d'Arnault.

C'est encore, à l'Odéon, une autre direction, celle de Thomas Sauvage, direction qui ne devait pas être non plus bien longue. Du moins Sauvage cherche à mettre Bocage en valeur, bien qu'il ne plaise pas à tout le monde (*La Gazette de France* déclare qu'il est « le moins gracieux, le moins distingué de tous les comédiens »).

Il lui fait reprendre un rôle joué par Talma dans le drame de Laya, *Falkland.* C'est le drame du remords.

Bocage joua ce rôle avec passion, sans s'inquiéter trop du redoutable souvenir qu'y avait laissé son illustre prédécesseur, y apportant ce feu qui couvait en lui. Mais il revenait à la comédie dans des pièces dont il ne reste même plus le titre, *Charles II ou le Labyrinthe de Woodstock, Les Suites d'un Coup d'État, L'Appartement.*

A l'Odéon venait d'entrer un comédien qui, trois ans auparavant, en avait déjà franchi les portes comme auteur d'une tragédie faiblement accueillie, *La Vestale.* C'était Lockroy, avec lequel Bocage se lia, par une certaine communauté d'idées et qui, plus tard, devait attester son amitié pour son ancien camarade de planches. Bocage, souhaitant surtout des rôles dramatiques, l'eut comme partenaire dans *Le Dernier Jour de Missolonghi* (1), *Marie de Brabant, L'Espion, Lancastre.* La comédie et le drame se mêlaient dans *L'Homme du Monde*, d'Ancelot et Saintine, qui fut, à l'Odéon, le plus véritable succès de Bocage.

L'Homme du Monde était tiré d'un roman d'Ancelot. Non par la forme, mais par le fond, c'était presque — fût-ce à l'insu des auteurs — une pièce romantique;

(1) On peut remarquer que Bocage a souvent joué les pièces qui correspondaient à des mouvements d'opinion. On sait quel était alors le philhellénisme français, que le poème dramatique d'Ozanneaux, accompagné de la musique d'Hérold, traduisait dans *Le Dernier Jour de Missolonghi*, évoquant le sacrifice des Grecs, qui, pour ne pas se rendre aux Turcs, avaient fait sauter leur citadelle.

L' « homme du monde », un séducteur, une manière de Lovelace a, pendant un orage, abusé d'une jeune fille, qui meurt de désespoir. Il poursuit sa carrière de conquérant, complètement dénué de scrupules sous ses dehors brillants, quand il est démasqué par un ardent jouvenceau, qui aimait la jeune fille séduite et qui vient le provoquer. Or, ce champion de la vertu outragée n'est autre que le fils de ce bourreau des cœurs, un fils qu'il a eu d'une liaison avec une femme mariée. Le public, entraîné par le jeu impressionnant de Bocage, auquel il ne reprochait pas « ses grands gestes », comme le faisaient quelques journalistes, accepta la pièce, mais une partie de la critique s'indigna : « Un père scélérat, un fils adultérin, donnent quittance à toutes les indignités dramatiques passées et futures ! » Le temps était déjà proche où le romantisme échevelé, avec ses tempêtes de passion, allait bien autrement effarer les défenseurs d'une autre école théâtrale !

A ce moment, les comédiens de l'Odéon, qui a usé tant de directions et traversé une période mouvementée, ont des soirées de loisirs. C'est alors, alternant avec eux, que sur ce théâtre paraît la troupe anglaise, dont les représentations devaient avoir une grande influence sur les esprits novateurs. C'était la révélation de Shakespeare, dont les adaptations édulcorées de Ducis n'avaient donné (malgré Talma) qu'une imparfaite idée. On sait le mot de Berlioz, disant que les émotions qu'il avait éprouvées l'avaient laissé « dans une sorte d'abrutissement désespéré ». D'autres que lui avaient été « foudroyés par Shakespeare », interprété par miss Smithson, Macready, Kean, Charles Kemble. Shakespeare passait Dieu. « C'est donc là ce que je cherchais, ce qui me manquait et qui devait venir ! », s'écriait Alexandre Dumas. Les commentaires dépassaient l'événement théâtral.

L'engouement pour ces représentations anglaises avait été prodigieux, pendant six semaines (1). Mais l'Odéon va de nouveau connaître bien des difficultés. Les plaisanteries qui s'étaient interrompues sur son éloignement, sur la rareté de ses spectateurs, sur l'ennui dégagé par quelques-uns de ses spectacles, ne tardent pas à reprendre.

Des tentatives attestant des tendances romantiques déterminent beaucoup de bruit, mais ne peuvent conjurer la ruine de Sauvage. Il a Lemetheyer pour successeur : celui-ci succombe à son tour, en mars 1829. Les artistes du théâtre essayent de l'exploiter en société, sans que leur pressant appel à l'aide du ministre de la Maison du roi soit entendu. Ils doivent abandonner la lutte. L'Odéon ferme ses portes. Les comédiens, auxquels la dernière direction devait six mois d'appointements, se dispersent et on ouvre une souscription pour

(1) Les comédiens anglais poursuivirent leurs représentations au Théâtre-Italien ; mais elles furent moins passionnément suivies qu'à l'Odéon.

les plus modestes d'entre eux et pour le personnel réduit au chômage. La solidarité théâtrale ne fait pas défaut, et l'on voit même Mme Saqui, la danseuse de corde, directrice du Spectacle-acrobate du boulevard du Temple, donner une représentation au bénéfice des exilés de l'Odéon.

CHAPITRE III

AU BOULEVARD

Qu'est Bocage en 1829 ? Il a trente ans ; il a fait ses preuves d'acteur. Quelques succès — il a oublié les soirées qui lui furent moins favorables — lui ont donné de l'assurance, ont fortifié la foi qu'il a toujours eue en lui-même. En se corrigeant de défauts, de certaines façons de se tenir et de parler qui lui avaient été reprochées, il a su tourner à son avantage un physique qui avait d'abord paru ingrat, avec sa charpente osseuse, l'incitant à se voûter (1). Son visage, dont le large front est couronné par une abondante chevelure, est plein d'expression. Cependant — et peut-être parce qu'il a joué des rôles trop divers — il n'a pas encore conquis au théâtre la situation à laquelle il a l'orgueil de prétendre. Il risque de végéter, en étant de ceux dont on se borne à dire qu'ils ont des qualités. Il attend impatiemment son heure.

Il entre au théâtre de la Gaîté dont, depuis 1825,

(1) « Que de travail il m'a fallu pour me faire accepter du public avec de pareilles jambes ! », disait-il un jour à un ami dans sa loge en s'habillant devant lui.

Guilbert de Pixérécourt avait le privilège, obtenu quand il dirigeait encore l'Opéra-Comique, fort tombé quand il l'avait pris, relevé par son impulsion énergique. Pixérécourt avait comme associé le comédien Marty, « le dieu des sectaires du mélodrame », disait de lui Harel ; mais Guilbert de Pixérécourt ne souffrait guère d'autorité à côté de la sienne. « Aux répétitions, a dit de lui le vaudevilliste A. de Rochefort, qui ne lui écrivait qu'en l'appelant « mon cher tyran », le directeur de la Gaîté était un tigre de sévérité. Les acteurs tremblaient devant lui comme des noirs devant le fouet du commandeur : il ne pardonnait pas la plus légère négligence, le moindre retard dans le devoir ; et quand un comédien s'était distingué dans un rôle, il n'était pas homme à lui faire un compliment, mais il lui reprochait toujours de n'avoir pas été assez complet. » D'ailleurs, homme de théâtre accompli, très supérieur par sa culture à son œuvre, érudit, passionné de belles choses, sensible aux émotions élevées, lui qui, sur la scène, en prodiguait de vulgaires. Le style n'est pas toujours l'homme.

L'auteur préféré du père du mélodrame était naturellement lui-même. A son immense répertoire, il ajoutait de nouvelles pièces, qui alternaient avec celles de Boirie, de Hapdé, d'Antier, d'Alboize, de Dubois, de Crosnier, de Frédéric du Petit-Méré, ses disciples et ses imitateurs.

Bocage se sentait fait pour le drame ; il suivait avec intérêt, comme avec le pressentiment qu'il y prendrait part, le mouvement qui se dessinait au théâtre ; mais, à la Gaîté, quels drames il avait à interpréter ! Le romantisme, que railla Guilbert de Pixérécourt, n'accumula jamais tant d'horreurs que lui dans *Alice ou les Fossoyeurs écossais* (1) qu'eut à jouer Bocage, en octobre 1829. Au dernier acte, notamment, l'étudiant en médecine Édouard, se préparant à disséquer un corps, qui lui avait été apporté par des pourvoyeurs de cadavres, reconnaissait dans la morte sur laquelle il dirigeait son scalpel une femme qu'il avait aimée et abandonnée. Et en quel style exprimait-il son épouvante !

Bocage jouait là le rôle de Sir Jack, un Anglais spleenétique hanté par l'idée du suicide, qui ne s'était rattaché à la vie que par amour pour Alice — la victime — assez généreux pourtant pour s'effacer en comprenant que c'était à Édouard qu'elle avait donné son cœur.

A la Gaîté, Bocage avait comme partenaire Francisque Hutin, dit Francisque aîné, acteur énergique, bel homme voué aux rôles de viveurs ou de bandits, dont Bouchardy a raconté la vie aventureuse et qui, quand Frédérick-Lemaître quitta l'Ambigu, devait être appelé à lui succéder ; Leménil, spécialisé dans les types pittoresques ; Eugénie Sauvage qui, naguère, s'était évadée d'un atelier de fleuriste pour aborder les théâtres du boulevard ; Mme Rouzé-Bourgeois qui, après une longue carrière dans les théâtres de drame, jouait les duègnes. Une

(1) En société avec Ch. Desnoyers, Edan et d'Avrecour.

caricature la représentait sous l'aspect d'une géante.

Une autre pièce que joue Bocage, *Newgate*, n'est pas beaucoup plus raisonnable que *Les Fossoyeurs écossais* ; mais ces deux rôles le font désirer par Crosnier, le directeur de la Porte-Saint-Martin, lui proposant un engagement bien supérieur à celui de la Gaîté, qui ne comportait que 2.500 francs d'appointements fixes. A la Porte-Saint-Martin, Crosnier, sous la réserve que l'artiste aurait été unanimement apprécié après ses deux premières créations, lui en offrait six mille et quinze francs de feux. C'était alors de la magnificence de la part du directeur.

Crosnier, qui venait de succéder à un directeur malheureux, Caruel-Marido, était un homme avisé, ce qu'il attesta pendant toute sa carrière, qui se termina sur un autre théâtre que ceux qu'il avait dirigés — le théâtre politique, où il ne fit pas d'ailleurs grande figure (1). Quelles que fussent ses opinions littéraires personnelles, il se préoccupait du renouvellement de l'art dramatique, sensible, par bien des signes, à l'avènement d'une école nouvelle, et, avec cet opportunisme qui fut toujours sa règle de conduite, il se préparait à suivre le courant et à être en mesure de le suivre, en ayant sous la main des acteurs faits pour en comprendre le sens. Frédérick-Lemaître venait de passer à l'Ambigu, et il y avait emmené quelques-uns de ses camarades. Bocage apparut

(1) Crosnier, successivement directeur de la Porte-St-Martin, de l'Opéra-Comique et de l'Opéra (qu'il avait une première fois disputé au Dr Véron) fut, à dater de 1852, député du Loir-et-Cher et mourut en 1867.

à Crosnier de ceux qui iraient de l'avant, avec ce qui se dégageait en lui de force et d'originalité, fût-ce avec ses exagérations. Prudent cependant, le directeur de la Porte-Saint-Martin attendait que sonnât l'heure propice, pour ouvrir sa scène aux tentatives romantiques. Il ne voulait ouvrir sa scène aux tentatives romantiques que sous une sorte de pression de l'opinion, sans renoncer à un répertoire qui gardait un public ordinaire... Bocage, venant de l'Odéon et de la Gaîté, devait lui être précieux : soit que Crosnier fît toujours appel aux auteurs accoutumés de la maison, soit qu'il se décidât à frapper quelque grand coup.

L'engagement, qui avait été signé le 10 janvier 1830 ne devait être effectif qu'à partir du 1er avril. Cependant, ce fut le samedi 27 février que l'affiche du théâtre annonça les débuts de Bocage à la Porte-Saint-Martin. Le spectacle se composait de *La Servante justifiée* et de *L'Homme du Monde*. Cette pièce était celle où Bocage avait été le plus applaudi à l'Odéon, la pièce qui l'avait mis en évidence, où il avait été jusqu'alors le plus à l'aise. Il avait souhaité qu'elle fût reprise.

Les journaux constatèrent sobrement son succès. « M. Bocage qui débutait à ce théâtre par le rôle de Selmar, qu'il avait créé au faubourg Saint-Germain, a fait preuve de beaucoup de talent et a été bien secondé par Provost, Auguste et Adolphe. » On insistait davantage sur d'autres débuts qui avaient eu lieu en même temps, ceux d'une « jeune et jolie personne, appelée Juliette ». Le *Journal de Paris* lui accordait « de l'âme et de l'expression ». Juliette, c'était la future princesse Négroni, de *Lucrèce Borgia,* et dont une illustre affection devait garder la mémoire, mêlée à celle d'Hugo.

Il avait fallu à Bocage quelques dix ans, malgré son activité, malgré le feu sacré qui était en lui, malgré le nombre de rôles qu'il avait joués, malgré même des appréciations favorables, pour se faire enfin au théâtre la place qui, la chance aidant, allait lui permettre de justifier les raisons de cette confiance en lui-même, dont il était arrivé qu'on sourît parfois.

Le 2 avril, il jouait *Shylock* « mélodrame en trois actes », de Dulac, singulier arrangement de l'œuvre shakespearienne. Mais Alfred de Vigny, l'année précédente, avait donné *Othello* : la Porte-Saint-Martin tenait à « découvrir » aussi Shakespeare. N'y avait-il pas eu ailleurs un *Hamlet,* « pantomime tragique en trois actes », et *Les Sorcières d'Écosse,* qui étaient une espèce de *Macbeth,* et un *More de Venise,* « pantomime entremêlée de dialogue » au Cirque-Olympique ? Le culte pour Shakespeare, admis dans le Panthéon des dieux littéraires, se traduisait encore avec plus de hâte que de discernement. Cependant, on eût pu demander à de Vigny ce *Shylock* qu'il avait écrit dès 1828, et qui ne fut pas représenté.

Ce n'était pas sans quelque amertume, cependant, que ceux qui se piquaient d'être fidèles au bon goût voyaient cette invasion shakespearienne. « Il est permis de tout tenter, aujourd'hui, disait le *Courrier des Théâtres.* Le public autrefois si exigeant pour les productions qui s'éloignaient du type éternel du vrai beau, ne demande maintenant qu'à être intéressé. Certes, il y a dix ans, une imitation du *Marchand de Venise* n'eût pas été hasardée sur notre scène. On se serait récrié contre l'extrême bizarrerie du sujet ; on eût éprouvé du dégoût à l'idée seule de cette livre de chair sur laquelle pivote toute l'intrigue. Mais, depuis que le bizarre envahit tout, depuis que la Comédie-Française elle-même, sacrifiant aux nouveaux dieux, délaisse nos anciens chefs-d'œuvre pour représenter des monstruosités romantiques, Shakespeare est l'arsenal où nos poètes vont chercher des armes pour combattre en faveur de nouvelles doctrines littéraires. »

Ce *Shylock* de la Porte-Saint-Martin n'était pourtant qu'une version fort affaiblie de l'original, et l'auteur y avait ajouté quelques personnages de son crû, comme celui d'une jeune poétesse qui composait des barcarolles, pour les gondoliers.

Un incident atteste la faveur dont Bocage jouissait dès lors auprès du public.

« Après la pièce, l'auteur ayant été demandé, M. Moëssard, régisseur, s'est présenté pour le nommer ; mais comme Bocage avait déployé dans Shylock un talent très remarquable, on a voulu que l'annonce fût faite par lui. Eh ! bien, pour obtenir ce résultat si simple, il a fallu près d'une demi-heure de cris et de colloques avec le commissaire de police. Enfin, Bocage a cédé au vœu général, et est venu, d'une voix émue, faire l'annonce d'usage. Mais le bruit des applaudissements a tellement couvert sa voix que je n'ai pu entendre qu'à peine le nom de M. Dulac (1). »

Bocage avait alors pour partenaires Jemma, appelé à faire une longue carrière de drame ; Moëssard, qu'on devait appeler plus tard le « vertueux Moëssard » après la récompense donnée par l'Académie à ses actions charitables, d'autant plus louables qu'il était très peu fortuné lui-même ; Vissot, entré depuis longtemps déjà à la Porte-Saint-Martin et qui, sans interruption, était destiné à y rester quarante-huit ans ; Adolphe Laferrière. Et c'était aussi Juliette qui continuait ses débuts, à côté de Zélie-Paul, bien oubliée aujourd'hui. Le répertoire du théâtre se composait alors de drames et de pièces gaies comme *Bernardin dans la Lune*, *Les Petites Danaïdes*, qui avaient eu jadis un long succès, et dont les reprises se devaient succéder jusqu'en 1846, alternant avec *Rochester*, *Cardillac*, *Werther*, *Les Frères invisibles*.

Le 19 juillet, Bocage créait *Aben-Humeya* ou *Les Maures sous Philippe II*. C'était un mélodrame à grand spectacle de Martinez de la Rosa, le poète espagnol dont, selon la critique, « le talent s'était torturé pour réussir sur une scène française. » Sombre histoire, où l'on voyait un fier Africain secouer le joug de l'oppression, mais tomber victime des intrigues de ceux qu'il avait libérés par son dévouement.

(1) *Journal de Paris*, 3 avril 1830.

En ce mois de juillet, Bocage joue tous les jours, les pièces où il paraît alternant sur l'affiche. Mais le 26, le *Moniteur* publie les ordonnances qui suspendent la liberté de la presse, portent dissolution de la Chambre des Députés, bouleversent le système électoral. Paris est en effervescence. Les cris de « A bas les ministres ! Vive la Charte ! » retentissent partout. Les rassemblements deviennent menaçants. Le 27, la lutte s'engage partiellement. Le lendemain, elle devient générale ; Marmont, chargé du commandement des troupes, s'est trompé dans ses prévisions en pensant rétablir l'ordre facilement. Il s'alarme, tandis qu'il essaye vainement de balayer l'insurrection grondant de tous les côtés. C'est alors qu'il envoie à Charles X, que M. de Polignac s'obstine à entretenir dans la sécurité, un de ses officiers pour lui remettre la dépêche fameuse : « Ce n'est plus une émeute, c'est une révolution. »

CHAPITRE IV

1830

Les journées de juillet 1830 déterminèrent chez Bocage l'explosion de sentiments qu'il portait en lui, mais dont le pensionnaire d'un théâtre royal avait dû réprimer l'expression. Ainsi que le chanteur Nourrit, il prit part à la révolution, il s'enthousiasma pour un idéal héroïque de vertus nées de la liberté. Les événements déçurent bien des combattants de ces journées, en mettant Louis-Philippe sur le trône de Charles X, mais beaucoup d'entre eux s'accommodèrent du régime qui substituait les d'Orléans aux Bourbons. Ils s'en accommodèrent d'autant mieux qu'ils y trouvèrent leur compte. Bocage fut de ceux qui, après avoir entrevu la République, gardèrent la désillusion et la rancœur de l'issue de la lutte. L'artiste se doublera désormais en lui d'un citoyen blessé dans ses convictions et, par là, prompt à les affirmer.

Qu'ils acceptassent le pouvoir nouveau ou qu'ils lui fissent grise mine, les vainqueurs des Trois Glorieuses avaient été émerveillés de leur vaillance. Ils se complaisaient à la glorifier. Tous les épisodes de la bataille des rues devenaient épiques, et ses narrateurs ne se sentaient à l'aise que dans le sublime. Certes, Paris avait retrouvé son âme ardente dans l'indignation contre les Ordonnances, qui avaient justement suscité toutes les colères, et s'était généreusement soulevé ; il avait été brave. Mais, les pavés des barricades remis en place, il trouvait dans ses récents souvenirs d'abondantes raisons de s'admirer. Les pièces improvisées que jouèrent tous les théâtres attestent cette sorte d'ivresse d'orgueil.

Dans les journaux, dans les brochures, que de traits rapportés, qu'on confiait à la vénération de la postérité ! C'était le petit commerçant de la rue des Cannettes à qui un élève en médecine faisait l'extraction d'une balle dont il avait été frappé. Le blessé s'était emparé de la balle, l'avait baisée et avait dit, rassemblant ses dernières forces, car l'opération n'avait pu le sauver : « Portez-la à ma femme ! » C'était l'ouvrier de la barricade du Faubourg-Montmartre à qui on offrait un verre de vin et qui le refusait en répondant : « Non, mon frère a été tué hier sous le pilier des Halles et j'ai juré de ne manger que du pain et de ne boire que de l'eau jusqu'à ce que je l'aie vengé ! » C'était le nègre de la place de l'Odéon qui, profitant sans doute de la révolution pour se donner un rapide avancement dans l'échelle des couleurs, s'écriait, brandissant un vieux pistolet : « A moi, les créoles ! » C'était le grenadier Boulet, de la 6e légion de la garde nationale qui, s'étant emparé d'un canon et le retournant contre la garde royale, proclamait « que son nom serait fatal à l'ennemi ». C'était l'assaillant de la caserne Saint-Martin qui avait jeté dans le feu les effets des gendarmes, chassés, malgré leur résistance, de leur « repaire » et déclarant : « Le feu purifie tout, même ce qui a appartenu à des gendarmes ! » C'était le vétéran de la rue Notre-Dame-des-Victoires, les mains noires de poudre, mais n'ayant plus de fusil, à qui on demandait : « Vous avez donc rendu vos armes ?» Et il répondait fièrement en montrant un jeune homme qui tiraillait : « Je les prête, mais je ne les rends pas ! » C'était l'enfant de douze ans qui avait abattu un officier de lanciers, mais avait été blessé lui-même. On le félicitait de son courage : « L'amour de la patrie, disait-il, sait faire un homme d'un enfant ! » C'était le clerc de notaire Lebreton qui, voyant des victimes tomber sous le feu des Suisses, s'était élancé, un pistolet au poing, vers leur capitaine, l'avait étendu mort à ses pieds : « Voilà comment on les fait taire ! » C'était le peintre en bâtiment Nicod qui, d'un entresol, près de la Monnaie, avait soutenu un siège contre tout un bataillon, ce qui était beaucoup de monde contre un seul homme. C'était Joséphine Mercier, maîtresse sage-femme qui, sous un costume masculin, une redingote verte, et sous le nom de Victor, avait contribué énergiquement, ainsi qu'en faisait foi un certificat donné par les élèves de l'École polytechnique, à l'attaque des postes des Tuileries. C'était le maître de manège Choppin qui, mettant ses chevaux à la disposition d'artilleurs improvisés, avait dit : « Eux aussi, ils combattront pour la liberté ! » C'était le maître de pension Dubois qui, voyant qu'on s'occupait à planter le drapeau tricolore sur la Chambre des Députés, désignait la statue de la Justice, et donnait ce conseil : « C'est dans la main de cette statue qu'il faut le mettre, c'est là sa place ! » Cette grandiloquence, qui risque de faire sourire aujourd'hui, était le ton général. Et des scènes de drame, comme celle que rapportait le *National* du 2 août : « Arrêté ce matin devant la colonnade du Louvre, du côté de Saint-Germain-l'Auxerrois, je contemplais dans un morne silence le dernier asile de nos braves concitoyens, morts pour la liberté. Un homme s'approche de moi : il paraît animé d'une fureur sombre, son regard est baissé avec attendrissement (*sic*), et ses yeux sont mouillés de larmes : « Eh bien ! me dit-il, je suis un sergent de la garde royale ; j'ai contribué à faire couler le sang de mes frères. Combien je suis coupable ! » Parvenu à la rue du Coq, cet infortuné s'est prosterné à genoux dans l'attitude d'un homme prêt à recevoir la mort ; il l'implorait comme un bienfait, en arrachant ses vêtements et souhaitant se saisir d'une arme pour terminer ses jours. »

La même tendance à tout amplifier se retrouvait dans

les à-propos patriotiques, représentés quelques jours après la lutte. Les spectateurs mêmes qui n'avaient pas bougé de chez eux, aimaient à prendre leur part des lauriers décernés aux vainqueurs et s'attribuaient, eux aussi, quelque héroïsme. Ces pièces bâclées reproduisaient des scènes des Trois Journées, où tous les personnages avaient accompli de merveilleux exploits. C'est là qu'on voyait le petit apprenti imprimeur charger son fusil avec des caractères d'imprimerie, et le vieux grognard reprendre, pour faire le coup de feu, son ancien uniforme. Les décors de barricades étaient acclamés, et on eût volontiers bissé les fusillades. On raillait âprement, dans ce réveil des idées libérales, les hommes du régime qui venait de s'écrouler et ceux qui l'avaient soutenu, les gens de la « Congrégation ». Dans une de ces pièces, d'Étienne Arago, qui avait été un des instigateurs de l'insurrection, Lepeintre jeune, le plus gros des acteurs de Paris, faisait rire aux larmes sous la houppelande du congréganiste Cafardin. On l'interpellait plaisamment, on applaudissait furieusement celui de ses camarades qui jouait le rôle d'un soldat de l'Empire, ayant donné un coup de main aux combattants, et qui narguait Cafardin :

Il faut qu'il soit ou jésuite ou mouchard,
Si même il n'est pas l'un et l'autre.

Chez ceux qui acceptaient le « roi-citoyen » la fièvre s'apaisa peu à peu. Elle persista chez d'autres, soit qu'ils agissent dans les insurrections et les mouvements populaires du début du règne de Louis-Philippe, soit qu'ils songeassent toujours au rêve qu'ils avaient formé, pendant la bataille, d'un monde entièrement réformé par d'autres institutions. Bocage fut de ceux-là. Affichant l'intransigeance de ses opinions politiques, il s'était fait une philosophie d'un humanitarisme assez vague, abondant en théories qu'il exprimait d'une façon autoritaire. A ces idées se mêlait le souvenir de quelques préjugés contre les gens de théâtre, maintenus sous le gouvernement de la Restauration. Les acteurs avaient des succès personnels, mais leur profession était encore exposée à des mesures exceptionnelles, comme l'avait montré le comédien Victor, dans sa *Lettre au ministre de la Maison du roi*. Enfin peut-être Bocage avait-il conservé de l'aigreur de son temps de misère, alors même qu'il commençait à se sentir maître de l'avenir.

Il fallait noter chez lui cette évolution, où la sincérité se confondait, fût-ce à son insu, avec l'attitude à laquelle se complait un comédien, habitué à s'extérioriser. En Bocage, c'est un des aspects de l'homme, et plus d'un trait s'offrira qui, au cours de sa carrière, le dessinera assez ombrageux sur ses convictions et, plus tard, ambitieux de jouer un rôle politique.

On sait le mot de Harel sur lui, quand il parlait de ses difficultés avec trois de ses pensionnaires les plus exigeants :

— A Frédérick, je donne un supplément d'appointements ; à Lockroy, je reçois une pièce, mais Bocage me demande la République, et je ne peux pourtant pas la lui donner !

La Porte-Saint-Martin tient à suivre les mouvements de l'opinion et à les exploiter. Or, l'opinion qui, généralement, ne fait rien à demi, secoue violemment la tyrannie qu'a fait peser sur les esprits l'intolérance de ceux dont la prétention avait été d'imposer une religion d'État. Elle prend sa revanche contre les puissances qui ont exercé leur despotisme pendant les quinze années de la Restauration. Ce sera, pendant quelque temps, une réaction anticléricale qui, si elle épargne le modeste clergé, s'en prend avec véhémence aux « hommes noirs », aux dirigeants en soutane du gouvernement déchu. On mangera du jésuite « avec un appétit aiguisé par les ressentiments. » Les théâtres donnent partout en pâture au public ce jésuite qui symbolise la domination de l'Église. Le mot même de jésuite, promettant imprécations et railleries, s'étale sur plus d'une affiche. Il y a, aux Nouveautés, *La Contre-Lettre, ou le Jésuite* ; il y a, à la Gaîté, *Le Jésuite* ; il y a, au Vaudeville, *Le Congréganiste* ; aux Variétés, c'est *Le Jésuite retourné*. A défaut de jésuite, le Cirque-Olympique donne un mélodrame, *Le Curé Mingrat*, qui évoque les crimes de ce prêtre condamné en 1822, mais dont la condamnation n'avait eu qu'une faible sanction ; l'Ambigu se repaît d'une *Papesse Jeanne*. L'Odéon se hâte de monter *L'Abbesse des Ursulines* ou *Le Procès d'Urbain Grandier*, pièce moins soucieuse de vérité historique que d'allusions à un passé récent. Crosnier, après avoir donné des à-propos, *La Barricade, le Soleil de la Liberté*, accompagnant *Aben-Humeya* qui a continué sa carrière (et personne ne s'étonne que les Maures interrompent leurs querelles pour chanter en chœur la *Parisienne*), Crosnier entend, lui aussi, être dans la note du moment. Pris de court, il songe à une reprise des *Victimes cloîtrées*, le sombre drame de Monvel, qui datait de 1791.

Puis ce fut une seconde reprise, celle du *Moine*. Mais un autre courant se dessinait aussi. Sous la Restauration, par animosité contre un régime qui prétendait effacer l'œuvre de la Révolution, la ferveur napoléonienne et le libéralisme avaient conclu un étrange mariage. Sainte-Hélène avait amnistié l'empereur de ses fautes et de ses attentats contre la liberté. Opposé au podagre Louis XVIII et au dévôt Charles X, « le pieu monarque », d'après la caricature le représentant sous la forme d'un piquet, il faisait une colossale figure. On ne voulait plus se souvenir que de sa gloire. Si, peu de temps après sa mort, sa légende s'était formée, Béranger l'avait cristallisée. Napoléon était redevenu le fils de la Révolution, le dompteur de rois, l'homme de la vraie France. Le napoléonisme dramatique sévissait avec une extraordinaire abondance. Pas un théâtre qui n'eût son Napoléon, où n'apparussent la redingote grise et le petit chapeau. Du Cirque-Olympique au théâtre Comte, le théâtre d'enfants, en passant par le théâtre du Luxembourg, surnommé Bobino, ce fut une orgie napoléonienne. Et ce n'était que le commencement ! La série des Napoléon allait se continuer en 1831 avec la pièce d'Alexandre Dumas, et les autres. Il y en avait tant eu, dans le second semestre de 1830 seulement, qu'une revue de fin d'année estimait qu'on en avait abusé :

> En voulez-vous, du vainqueur, du grand homme ?
> On peut choisir, on en a mis partout.
> De son habit, d'son chapeau, d'sa tournure
> De toutes parts, on nous vient obséder...

Le 20 octobre, la Porte-Saint-Martin avait donné son *Napoléon ou Schœnbrunn et Sainte-Hélène*, de Charles Dupeuty et Régnier-Destourbet. La pièce n'était pas arrivée la première, mais elle n'était pas arrivée en retard.

Le drame, divisé en deux parties, comportait neuf tableaux. C'étaient la période de la grandeur et celle de l'exil. A Schœnbrunn, Napoléon faisait grâce à l'étudiant Frédéric Stapss qui avait formé le projet de l'assassiner. Cette grâce, les auteurs l'avaient prise sous leur bonnet, pour montrer l'empereur magnanime.

Bocage jouait le rôle du sergent de la garde, Hubert, dit Bel-Œil, dévoué corps et âme à Napoléon, galant d'ailleurs avec le sexe hors du service, bon enfant, mais un peu « dur-à-cuire ». On le voyait, dans le premier tableau, pénétrer dans une réunion d'étudiants, que sa présence gênait fort, car ils étaient en train de conspirer. Ils l'accueillaient assez mal, ce dont Hubert ne s'accommodait pas :

HUBERT. — Qu'est-ce que c'est ? J'ai entendu une qualification équivoque. Quoique je sois un peu dans les nuages, il faut tirer ça au clair. Voyons, quel est le jeune savant qui a jaboté, que je lui enseigne la puérilité civile et honnête ?

LE BARON. — Nous laisserons-nous injurier par un soldat ?

TOUS. — Non, non.

HUBERT. — Ah, douze contre un !... Ce n'est pas assez ! Vous ne valez pas la peine que je vous avale... allez en chercher encore un quarteron, et, après ça, on verra. Amenez-moi toute l'Allemagne, toute l'Europe, avec armes et bagages, je me moque de toute l'Europe à pied et à cheval.

TOUS. — Sortez !

HUBERT. — Ah, que je sorte ! Nous allons voir qui fera un quart de conversion... (*mettant la main sur son briquet*). Je vais vous exécuter un moulinet qui vous fera voir des étoiles en plein midi.

Il est assez piquant de rencontrer Bocage, si près de sa création d'*Antony*, dans ce rôle de grognard. Napoléon, c'était Gobert, qui porta cette incarnation de Napoléon comme une tunique de Nessus, bien qu'il eût composé expressivement nombre de figures dramatiques. Est-ce parce qu'il fut las de ce personnage auquel on le ramenait toujours qu'il renonça au théâtre et se fit cafetier, rue Saint-Denis ? Mais après sa retraite, la passion des planches le reprit et il fut plus que jamais Napoléon, un peu partout. La majesté qu'il avait si souvent revêtue sur la scène ne l'empêcha pas de mourir, en 1873, dans une sorte de misère.

Crosnier avait fait, pour *Schœnbrunn et Sainte-Hélène*, de grands frais, et il s'était montré habile metteur en scène, notamment dans le tableau de la revue des grenadiers de la garde, dont les lignes, par un artifice alors nouveau, semblaient se prolonger indéfiniment.

L'année 1831 va être pour Bocage la grande année, l'année décisive. Mais que de rôles joués avant qu'il ait trouvé celui qui lui permettra d'attester complètement sa personnalité, qui le mettra hors de pair !

Crosnier n'avait encore satisfait l'état d'esprit d'un public qui voulait exprimer ses ressentiments contre la tyrannie religieuse de la Restauration que par la reprise des *Victimes Cloîtrées*. Il lui servit dans l'*Incendiaire* de Benjamin Antier et Alexis Decomberousse, un archevêque à dévorer, et la pièce fit grand bruit. Elle ramassait tous les griefs contre le trône et l'autel, contre un régime dont on avait souffert pour ses doctrines absolutistes.

Cet archevêque est un fanatique pour qui tous les moyens sont bons quand il s'agit de confondre l'opposition libérale, d'empêcher une de ses victoires. C'est proprement un monstre. Il a un intérêt majeur à faire échouer la candidature à la Chambre des députés d'un gros fermier, Dumont, qui a de la popularité dans le département, parce que, précisément, ce Dumont, homme de bon sens et de courage, combat contre les abus du Pouvoir et de l'Église. Il faut ruiner cet adversaire, le détourner des affaires publiques. L'archevêque, dans ce but, n'hésite pas à être l'instigateur d'un crime. Il a pris un redoutable ascendant sur une jeune femme, Louise, que des scrupules religieux, une exaltation mystique ont conduite jusqu'à lui. Elle fut séduite. Elle ne veut consentir au mariage que lui propose honnêtement son séducteur qu'après avoir reçu l'absolution du prélat. Elle sera l'instrument que choisit l'archevêque.

LOUISE, *en désordre*. — Oh, mon Dieu ! mais c'est un crime qu'il faut commettre ?

L'ARCHEVÊQUE. — Un crime ! La volonté du ciel pourrait être un crime ?

LOUISE, *vivement*. — Non, non, c'est vrai... mais le trouble où je suis... oh, je ne doute pas... tout ce que vous me dites, je le crois... Organe de Dieu sur la terre, quand vous commandez, c'est Dieu ! En vous obéissant,c'est à Dieu que j'obéirai. Ah ! parlez, Monseigneur ! Je suis prête à tout, que faut-il faire ? *Elle tombe à genoux.*

L'ARCHEVÊQUE. — Vous irez à la ferme.

LOUISE, *abattue*. — A la ferme.

L'ARCHEVÊQUE. — Cette nuit même.

LOUISE. — Cette nuit.

L'ARCHEVÊQUE. — Et silence éternel sur tout, et sur tous !

LOUISE. — Silence éternel !

Louise met donc le feu à la ferme de Dumont. Mais l'acte qu'elle a accompli lui inspire d'autant plus d'horreur que l'incendie a fait des victimes...

A cet abominable archevêque s'oppose un brave homme de curé haï de l'autorité ecclésiastique pour ses sentiments libéraux, respecté et chéri par tous ceux qui l'approchent pour sa simplicité et sa bonté. C'est à lui que Louise vient se confier. Cet humble prêtre sera le juge de l'archevêque, qui va laisser condamner la malheureuse, tenue par son serment à ne pas révéler l'inspirateur du crime. Il défend Louise contre le tout-puissant prélat. Il la sauverait peut-être si, écrasée par les remords, elle n'allait se jeter à l'eau. « Elle s'est punie, dit-il, mais vous, Monseigneur ? »

Bocage jouait le rôle du curé humain, au cœur plein de pitié, révolté contre les machinations de l'archevêque, révélant à un jeune prêtre l'oppression qui pesait sur les âmes droites, curé de l'Évangile, aimant sa pauvreté et s'indignant du faste déployé par les princes de l'Église. L'archevêque, c'était Provost ; l'amoureux de Louise, Laferrière, qui n'avait jusqu'alors paru que sous le nom d'Adolphe ; Louise, c'était la grande actrice de drame que fut Marie Dorval, qui devait se retrouver avec Bocage dans des succès partagés à ce point que leurs noms restent inséparables de soirées fameuses dans les annales du théâtre.

Marie Dorval avait un an de plus que Bocage. Elle

avait de l'avance sur lui dans la faveur du public. Remarquée dans les *Deux Forçats*, dès 1822, alors que Bocage, encore assez disgracieux avec ses grandes jambes cagneuses, se présentait à l'Odéon, elle avait été mise en pleine lumière par le rôle d'Amélie qu'elle avait joué à côté de Frédérick, dans *Trente ans ou la vie d'un joueur*. Frédérick l'avait emmenée à l'Ambigu. Elle venait de rentrer à la Porte-Saint-Martin.

CHAPITRE V

ANTONY

Et voici la date capitale dans la carrière de Bocage, celle qui fera de lui un des protagonistes du drame romantique, celle qui lui donnera sa légende — la première représentation d'*Antony*, le 3 mai 1831. Tout ce qui avait pu être critiqué chez l'acteur dans les pièces d'une autre école allait le servir dans ces œuvres vibrantes de passion.

En 1831, le romantisme faisait figure de conquérant et, selon le mot d'Hugo, se flattait « de jeter à bas le vieux plâtras masquant la façade de l'art ». La préface de *Cromwell* avait exposé le dogme. Le 11 février 1829, à la Comédie-Française, avait eu lieu la première épreuve véritable à la scène d'un drame où la hardiesse des effets se mêlait au goût de la couleur historique. Le public avait été entraîné dans un tourbillon, prenant volontiers pour une peinture d'époque l'accumulation de détails superficiellement plaqués, artifice que démêlait Sainte-Beuve qui, bien qu'il fût avec les novateurs, bien qu'il eût applaudi au succès, estimait que ce succès ne tranchait pas encore la question de la lutte entre classiques et romantiques. En fait, on avait surtout subi le charme des dons les plus manifestes qui caractérisent l'auteur dramatique, pendant cette soirée d'*Henri III et sa Cour.* La pièce d'Alexandre Dumas n'en passait pas moins pour avoir planté au théâtre le drapeau révolutionnaire.

Le 24 octobre 1829, ç'avait été la première bataille poétique, avec l'*Othello* d'Alfred de Vigny, s'appuyant sur Shakespeare pour présenter une œuvre produisant dans sa conception un vaste tableau de la vie « au lieu du tableau resserré de la catastrophe d'une intrigue ». *Othello* avait été le combat « entre les sifflets de la vieille France et les bravos de la France nouvelle ». Et *Othello* avait été suivi d'un manifeste : « Le poète dramatique prendra dans sa large main beaucoup de temps et y fera mouvoir des existences entières ; il créera l'homme non comme espèce, mais comme individu. »

Une brèche avait été faite dans la citadelle classique. Avec *Hernani*, le 25 octobre 1830, elle avait été emportée d'assaut, malgré les protestations de ceux qui ne pouvaient prendre leur parti de cette victoire dont ils comprenaient toutes les conséquences. C'était, dans le public, un frémissement d'attente, un besoin de fortes émotions. Les spectateurs eux-mêmes qui n'osaient encore secouer le joug de toutes les traditions dont ils avaient été nourris, souhaitaient qu'on leur fît violence. Inquiets des audaces romantiques, ils ne pouvaient pas, cependant, ne pas sentir la froideur des tragédies classiques qu'ils avaient naguère goûtées. L'enthousiasme de la génération littéraire nouvelle, son fanatisme, créaient une atmosphère fiévreuse, disposaient à toutes les curiosités.

Alexandre Dumas, au cours de trois volumes de ses *Mémoires*, a longuement raconté toute l'histoire d'*Antony*, depuis la genèse de l'idée du drame : « Un homme qui, surpris par le mari de sa maîtresse, la tuerait en disant qu'elle lui résistait et qui mourrait sur l'échafaud à la suite de ce meurtre, sauverait l'honneur de cette femme et expierait son crime. » Après avoir dit quelle avait été sa conception première, trouvée un jour qu'il se promenait sur le boulevard, Alexandre Dumas, qui n'avait de secrets pour personne, a conté que, lorsqu'il écrivit *Antony*, il était éperdûment épris d'une femme mariée et follement jaloux à la pensée qu'elle appartenait à un autre. Pour peindre l'état désespéré de son cœur à ce moment, il citait complaisamment des vers qui avaient jailli de sa plume où il exhalait ses tourments, ses révoltes et ses rancœurs :

Malheur, malheur à moi que le ciel, en ce monde
A jeté comme un hôte à ses lois étranger,
A moi, qui ne vais pas, dans ma douleur profonde
Souffrir longtemps sans me venger !...
Viens donc, ange du mal, dont la voix me convie !

Ce n'étaient pas là, d'ailleurs il en convenait, des vers

excellents. Mais, en fait, le bon Dumas n'avait envie d'assassiner personne et, de ses fureurs d'amant exaspéré il fit un drame, en six semaines. C'était assurément le meilleur moyen d'utiliser ses transports.

La pièce fut reçue à la Comédie-Française et la distribution arrêtée avec Mlle Mars et Firmin dans les rôles d'Adèle d'Hervey et d'Antony (1). Les répétitions commencèrent. Il fut évident, bientôt, que la pièce inquiétait ses interprètes. Ils proposaient sans cesse à Dumas des coupures ou des modifications, ils conseillaient même la suppression de deux actes sur cinq. De son côté, Dumas constatait que ni Mlle Mars, ni Firmin, n'étaient faits pour incarner ses personnages ; l'une, si elle avait l'esprit, la grâce, le charme, la coquetterie, ne pouvait comprendre le caractère d'Adèle avec ses exagérations de passion et de repentir ; l'autre, quelles que fussent ses qualités, était incapable de reproduire la mélancolie, l'ironie amère, l'ardeur sombre d'Antony et d'exprimer ses divagations philosophiques.

Huit jours avant la première représentation, à la suite d'une répétition particulièrement orageuse, Dumas retirait sa pièce de la Comédie-Française et il allait la lire à Marie Dorval. C'est, dans les *Mémoires*, une sorte de petit chef-d'œuvre de vie et de mouvement, que la scène où tout en la lutinant, cependant qu'elle se défend

(1) Pour les autres rôles : la comtesse de Lacy, Rose Dupuis ; l'abonné du *Constitutionnel*, Monrose ; le jeune poète, Menjaud.

en riant et en invoquant sa liaison avec Alfred de Vigny, il lui conte que, comme a fait Hugo pour *Marion de Lorme*, il a repris *Antony* et que c'est à elle qu'il destine le rôle d'Adèle. Le soir, il lui lit le drame ; Marie Dorval est ravie, s'enthousiasme, pleine d'émotion. « Tu n'y vas pas de main morte, toi ! c'est égal, c'est un peu joli à jouer. » Mais elle trouve le dernier acte « un peu mou ». C'est que Mlle Mars et Firmin l'ont fait édulcorer. « Sais-tu ce que tu devrais faire, mon bon chien ? dit Marie Dorval, tu devrais m'arranger cet acte-là cette nuit. Ecoute, Merle (1) est à la campagne, prends sa chambre, on te fera du thé. De temps en temps, j'irai te voir pendant que tu travailleras. Demain matin, tu auras fini et tu viendras me lire cela près de mon dodo.» Et Dumas s'installe. A trois heures du matin, l'acte est refait. A neuf heures, la future Adèle d'Hervey est dans l'exaltation de son rôle. — « Maintenant, il faut envoyer chercher Bocage pour déjeuner et pour entendre cela. »

Dumas se montre un peu surpris du choix que fait déjà Marie Dorval de son partenaire. Il ne connaissait que peu Bocage, il ne l'avait vu que dans *Schœnbrunn* et dans l'*Incendiaire*. Sans doute, c'était un bel acteur, avec ses cheveux noirs, ses dents blanches, ses yeux voilés pouvant exprimer la rudesse, la volonté, la mélancolie. Mais il avait les genoux un peu cagneux, il traînait les jambes et il parlait du nez. Dumas eût préféré

(1) Le mari, très philosophe, de Mme Dorval.

Frédérick-Lemaître ou Lockroy. Dorval, cependant, insistant, se porta garante que Bocage était essentiellement l'homme du rôle. Dumas, qui devait faire de lui le champion de ses drames les plus romantiques, ne l'accepta qu'avec quelque hésitation. Le comédien, mandé en hâte, arriva et la pièce lui fut lue.

Bocage avoua qu'il était un peu interloqué par ce qu'il venait d'entendre. Mais Dorval déclara qu'il serait superbe, et Dumas avait confiance en Dorval. Bocage fut le négociateur de la réception de la pièce par Crosnier. La lecture d'*Antony* ne devait être qu'officieuse, et les conditions seraient celles qui étaient faites à Hugo. Le soir, tout était réglé. A la réflexion, le rôle avait paru singulièrement tentant à l'intermédiaire entre l'auteur et le directeur.

Il y eut toutefois quelque tirage avec Crosnier, après la lecture. Le directeur de la Porte-Saint-Martin ne se dédisait pas, mais il ne croyait pas au succès, et il ne semblait pas pressé de commencer les répétitions. De fait, il s'intéressait davantage à un *Don Carlos ou l'Inquisition*, qu'il donna.

Cependant, on se mit au travail. A mesure qu'on avançait dans l'étude de la pièce, Dumas reprenait dans son œuvre une confiance qui, à la Comédie-Française, l'avait un peu abandonné. Les deux interprètes sur lesquels elle reposait « développaient, comme à l'envi l'un de l'autre, des qualités inconnues à eux-mêmes. » Marie Dorval avait des effets de dignité mêlés à des accents d'une impressionnante justesse. Bocage, à qui Dumas n'avait d'abord accordé qu'une certaine sauvagerie misanthropique, avait des moments de tristesse poétique et de mélancolie qu'on n'avait vus qu'à Talma dans *Hamlet* et dans *Othello*.

Bocage s'était fort préoccupé de son costume qui avait, en effet, de l'importance. Il devait être vêtu « comme tout le monde », et il fallait pourtant que, en raison de l'originalité du personnage, il y eût des particularités dans sa mise, dans la coupe de l'habit, la forme du gilet, la disposition de la cravate.

Aux dernières répétitions, Dumas avait senti, à d'heureux signes précurseurs, que la pièce « portait », qu'il s'en dégageait une force d'émotion à laquelle avaient été sensibles de vieux routiers du théâtre, n'étant pas directement intéressés au succès. Les cris de passion d'Antony et d'Adèle d'Hervey faisaient courir des frissons dans les veines des spectateurs professionnels, artistes, machinistes, employés de la scène. Alfred de Vigny était venu, quelques jours avant la première représentation ; et, s'il avait été choqué de quelques imprécations qu'il trouvait superflues (Dumas laissa, néanmoins, nombre d' « Enfer et Damnation ! », il avait prédit un grand succès.

Ce que fut la représentation de cette pièce qui était

essentiellement une pièce d'époque, au point de paraître extravagante aujourd'hui, on le sait. Elle venait à son heure. On a pu dire que c'était un homme de théâtre qui avait écrit ce drame, mais que c'était tout le monde qui l'avait fait — tout le monde de ce temps-là. On était byronien, fatal ; on ne connaissait (littérairement, s'entend) que les passions forcenées, implacables, désespérées. On était « maudit », on blasphémait, on n'était à l'aise que dans l'excessif. On cultivait avec un âcre plaisir ce qu'on devait appeler la maladie du siècle. Alexandre Dumas avait saisi, en le poussant jusqu'à l'extrême violence, un état d'âme réel. A tout autre moment, cette tentative dramatique eût pu être singulièrement périlleuse. Mais en *Antony* se concrétaient tous les dévergondages d'imagination d'alors. Et puis dans ces cinq actes, quel torrent de passion !

Cette soirée d'*Antony*, Dumas l'a pittoresquement racontée acte par acte, dans la salle et dans les coulisses où il allait embrasser ses magnifiques interprètes. Il en dit toutes les phases : le premier acte ne faisant d'effet qu'à partir de la scène où Antony, pour rester l'hôte d'Adèle d'Hervey, arrache le pansement de sa blessure : « Et maintenant, je resterai, n'est-ce pas! » Puis, la montée triomphale de la pièce, les scènes de misanthropie et de menaces d'Antony, au second acte ; les scènes du balcon, du carreau brisé de la chambre d'auberge, du mouchoir jeté sur la bouche d'Adèle au troisième ;

la scène de l'insulte et la scène pathétique du quatrième ; les angoisses des deux amants, l'arrivée de M. d'Hervey, la porte enfoncée par lui, le coup de théâtre du dénouement, au cinquième. Dumas a noté les passages les plus acclamés, les cris de Dorval qui avaient le plus remué la foule : « Mais elle ne ferme pas, cette porte !... Mais je ne lui ai rien fait à cette femme... Je suis donc perdue, moi ! » ; ou les plus frénétiques accents de Bocage : « Malheureux, arriverai-je à temps ?... Tu es à moi comme l'homme est au malheur... Elle est bonne, la lame de ce poignard !... » A ses deux acteurs, il a rendu un hommage éclatant, en disant « qu'ils avaient atteint les plus splendides hauteurs de l'art. »

On suit dans son récit, presque de minute en minute, les impressions d'un public subjugué, entraîné, haletant. Pour avoir l'écho de cette représentation célèbre, se faire une idée de ce qu'elle put être, c'est à Dumas lui-même qu'on se doit d'abord adresser. Il déborde presque naïvement, sans aucune feinte modestie, d'enthousiasme pour son œuvre, à travers les éloges qu'il décerne à ses interprètes ; mais on sent comment ce drame, dont l'exposition consiste seulement en quelques mots rapides, où il faut admettre tant de choses sans explications, simplement, parce que, de par l'autorité de l'auteur, elles sont telles, s'imposa aux spectateurs, dominés par son audace. Le public ne réfléchit que plus tard, à des reprises de cette pièce caractéristique d'une période d'histoire intellectuelle, et il osa se demander pour quelles raisons Antony, bâtard, mais riche, estimait qu'il n'y avait pas de place pour lui dans la société, qu'il haïssait, s'y trouvant un paria, et avait tant de rancune contre elle qu'une visite faite à Adèle, interrompant l'entretien qu'il avait avec elle, le faisait s'écrier : « Oh ! malédiction sur le monde qui vient me chercher jusqu'ici ! »

A l'une de ces reprises, Théophile Gautier ne voulut que s'abandonner à ses souvenirs. Il se rappelait les jeunes hommes du parterre, les romantiques à tous crins, à la mine étrange et farouche, moustaches en croc, royales pointues, cheveux mérovingiens, pourpoints singuliers, habits de revers de velours rejetés sur les épaules, comme dans les lithographies de Dévéria, et les femmes, gagnant leurs loges, parées à la mode du temps, avec leurs coiffures à la girafe, leurs hauts peignes d'écaille, leurs manches à gigot et leurs jupes courtes, découvrant leurs souliers à cothurne. « Ce que fut la soirée, écrivait-il, aucune exagération ne saurait le rendre. La salle était vraiment en délire ; on applaudissait, on sanglotait, on criait. La passion brûlante de la pièce avait incendié les cœurs. Les jeunes femmes adoraient Antony, les jeunes gens se seraient brûlé la cervelle pour Adèle d'Hervey. L'amour moderne se trouvait admirablement figuré par ce groupe, auquel Bocage et Marie Dorval donnaient une intensité de vie extraordinaire, Bocage, l'homme fatal, Mme Dorval, la faible femme par excellence. Jamais identification d'un acteur et d'une actrice ne fut plus complète : Bocage était véritablement Antony, et Adèle d'Hervey ne pouvait se détacher de Mme Dorval. » Et Gautier les faisait revivre tous deux sur la scène, en pensant avec quelque mélancolie à ces ardeurs éteintes. Il revoyait en ses élans dramatiques Marie Dorval, morte depuis dix-huit ans et Bocage, disparu depuis cinq ans : « Bocage était par sa personne, son talent et la manière dont il comprenait ses rôles, le véritable idéal du jeune premier romantique. La tendresse, la passion, la beauté même ne suffisaient pas pour faire un amoureux accompli. Il fallait encore une certaine fierté dédaigneuse, un mystère, à la façon de Lara et du Giaour, en un mot, une fatalité byronienne. Derrière l'amant, on devait sentir un héros inconnu, en butte aux injustices du sort et plus grand que son destin (1). »

Théophile Gautier parlait de l'effet produit sur la jeunesse « volcanique » de l'époque, sur un public « incandescent ». Mais cherchons ailleurs des témoignages de cette soirée retentissante. Ce seront, notamment, les impressions d'une femme du monde, la spirituelle comtesse Dash. Le tableau est finement tracé de la répercussion du drame, à mesure qu'il se déroulait, sur les

(1) *Moniteur Universel*, 7 octobre 1867. Le rôle, précédemment, avait été repris par Clarence puis par Laferrière. La dernière reprise date de 1884, à l'Odéon, avec Paul Mounet et Aimée Tessandier.

spectateurs — et les spectatrices. C'est que, comme elle disait, *Hernani* « était une histoire », tandis qu'*Antony* pouvait être pris pour une réalité.

La comtesse Dash suivait donc la progression de la pièce et déterminait les sentiments qu'elle inspirait :

On fut étonné... on ne comprenait pas trop, d'abord, cette étrangeté. Nous autres jeunes femmes, nous sentîmes qu'il y avait là une passion vraie, et nous nous laissâmes prendre tout de suite.

Il n'était pas une de nous qui ne rêvât son Antony. Je jure que cette pièce a fait faire bien des sottises. On voulait être aimée jusqu'au poignard, et bien des écervelés, bien des extravagants de cette époque sont devenus de mauvaises copies d'Antony, acceptées pour bonnes par les folles qui les trouvaient sublimes.

Au moment où le héros bâtard met le mouchoir sur la bouche de son amante et l'emporte — on sait bien pourquoi — il y eut stupeur. Personne ne dit rien d'abord : nous étions tous atterrés. Les « raisonnables » levaient les yeux au ciel pour le prendre à témoin d'une telle abomination ; les femmes ne trouvaient plus la chose si fort à leur goût. On veut bien être assassinée : c'est héroïque. Mais autre chose ? Oh ! c'est une tyrannie de la force, et nous ne nous y soumettons pas volontiers.

Quant aux hommes, ils n'avaient pas l'habitude de ces manières-là. L'idée leur vint, apparemment, que ce moyen expéditif pourrait les tirer d'embarras, et ils l'acclamèrent les premiers. Après un peu de réflexion, les femmes en prirent leur parti, car elles se mirent à battre des mains avec entraînement, ce qui fit dire à un vieil ami, tapi au fond de la loge, que nous méritions d'être traitées de même, puisque nous le trouvions si bien.

Je ne puis vous rendre les désolations des « gens calmes ». Les uns auraient volontiers pleuré ; les autres devenaient furieux. Certaines vieilles dames auraient mis Dumas en pièces et *Antony* fut interdit à toutes les beautés en tutelle de belle-mère. Mais ce fut un succès.

C'était aussi l'émotion causée par les interprètes :

La pièce avait été portée aux Français pour Mlle Mars et Firmin. Mlle Mars eût fait d'Adèle une grande dame, et, dès lors, celle-ci n'a plus de raison d'être. Une grande dame n'a pas de ces façons-là, elle ne marche pas sans une famille, sans un monde de valets ; une grande dame ne reçoit pas M. Antony tout court, qui sort on ne sait d'où ; une grande dame, eût-elle été follement amoureuse de celui qui l'avait violentée, n'aurait pu lui pardonner cette violence. Quelque distance qu'il y eût, comme talent, de Mlle Mars à Mme Dorval, la supériorité de celle-ci, pour un rôle de ce genre, était indiscutable. Soumet l'appelait « la cuisinière de Melpomène » et rien n'était mieux dit : elle n'avait aucune distinction, sa voix était éraillée, ses mouvements convulsifs et communs. Elle n'était pas jolie... Et pourtant, jamais actrice ne fit couler des larmes plus abondantes, parce qu'elle pleurait véritablement, parce qu'il y avait en elle une passion, un sentiment si réels, qu'on ne les croyait pas joués. Elle était toute à l'inspiration. Elle cédait à des élans involontaires, elle était le personnage ; elle entrait dans sa peau et s'emparait complètement de lui, en s'oubliant tout à fait... Bocage, lui, était bien le véritable Antony : il en avait la fougue, les irrégularités, il en avait le physique fatal. Bocage était un homme d'un talent réel ; il était même plus varié qu'on n'a voulu en convenir...

— Je crois, mon gros chien, que nous tenons un succès ! avait dit Dorval à Dumas, venant la trouver dans sa loge, au dernier entr'acte.

Dans les jugements de la critique, il y eut des divergences, mais ce succès fut unanimement constaté. Il faut croire Dumas, dont l'amusant récit est corroboré par d'autres témoignages, quand il assure « que jamais applaudissements n'étaient arrivés aussi directement du public aux acteurs. » Les ovations aux deux grands interprètes du drame semblaient ne devoir pas finir. On ne cessait de les redemander, et on leur jeta des couronnes (1).

Une communication, envoyée par l'administration de la Porte-Saint-Martin (2) témoigne de la curiosité inspirée par la pièce, à la suite de la première représentation. Les spectacles étaient, à cette époque, extrêmement copieux. Ils se composaient pour le moins d'une dizaine d'actes. En raison de l'affluence du public, Crosnier décida que la pièce serait donnée seule et qu'elle commencerait à sept heures et demie.

Faut-il cependant relever, dans les feuilletons dramatiques, quelques notes discordantes, si la bruyante réussite ne pouvait être contestée ?

Le *Constitutionnel*, champion, d'ailleurs, de l'école classique raillée dans *Antony*, en une scène où un personnage ridicule ne donne d'autres raisons à son opinion que celle de l'autorité du journal auquel il est abonné, gardait rancune à Alexandre Dumas. Il devait avoir la rancune tenace : « Nous retombons, disait-il, dans les

(1) *Courrier des théâtres*, 4 mai 1831.
(2) *Journal de Paris*, 4 mai.

poignards, dans les convulsions, dans les cris de rage, dans les assassinats, dans tous les agréments du genre nerveux, dans la littérature épileptique montée au sublime de l'hydrophobie... Le beau mérite de produire des effets quand on se permet tout, quand on n'est arrêté ni par les règles du langage ni par celles de l'art, ni par celles de la vérité et du bon sens ! »

Le *Moniteur Universel* faisait plus courtoisement des réserves. Il louait les acteurs au détriment de l'auteur et attribuait principalement à Bocage un succès qu'il ne niait pas. « Le rôle est ingrat, et il n'intéresse pas, mais Bocage supplée à tout ; il dit de manière à captiver l'attention ; son habileté à manier le dialogue sauve ce qu'a de heurté le style de l'auteur. Il a marqué sa place dans ce rôle ; elle est en première ligne. »

Charles Maurice décernait à *Antony* l'épithète d'inconcevable. Et il ajoutait : « Un jour, en lisant cette pièce, on sera frappé d'une apoplexie foudroyante d'étonnement. »

Le plus sévère des critiques pour *Antony* fut Jules Janin :

...Les portes sont enfoncées, le mari trouve sa femme morte! « Je viens de la tuer avec ce poignard, dit Antony : elle me résistait, je l'ai assassinée. » Singulière façon de conserver la réputation d'une femme! On s'empare d'Antony, la toile tombe. On relève la toile pour proclamer le nom de l'auteur. Une main amie ou perfide jette une couronne, et tout est dit. Il est impossible d'imaginer une action plus nulle, une passion plus fausse, des aventures plus invraisemblables. Il est impossible de pousser plus loin l'oubli des mœurs et de la vraisemblance dramatique. Notez bien que je ne dis pas : la *vérité*. J'ai vu le moment, au troisième acte, où nous n'avions plus rien à désirer de ce côté-là.

Au demeurant, pas un mot sur les acteurs.

On sait que, plus tard, Alexandre Dumas entreprit de défendre la moralité d'*Antony*. Ce fut par d'assez singulières raisons :

Antony, engagé dans une intrigue coupable, emporté par une passion adultère, tue sa maîtresse pour sauver l'honneur de la femme et s'en va mourir sur l'échafaud, ou, tout au moins, traîner le boulet au bagne... Eh ! bien, je vous le demande, y a-t-il beaucoup de femmes de la société, y a-t-il beaucoup de jeunes gens du monde qui soient disposés à se jeter dans une intrigue coupable, à entamer une passion adultère, à devenir, enfin, des Antony et des Adèle, avec cette perspective d'avoir pour dénouement, à leur passion, pour conclusion à leur roman, la femme, la mort, le jeune homme, les galères ?

Nous avons dit que le *Constitutionnel* avait eu la rancune longue.

En 1834, Antoine Say, son rédacteur en chef, obtint de M. Thiers l'interdiction de la reprise de la pièce à la Comédie-Française. Dumas a conté avec verve ces incidents, qui aboutirent à un procès.

Que de souvenirs évoquerait encore *Antony* ! L'anecdote est connue, mais elle est plaisante. Au moment de la plus grande vogue du drame, il fut donné dans une représentation à bénéfice, au Palais-Royal. Le régisseur, par inadvertance, fit baisser le rideau aussitôt après le coup de poignard d'Antony. Mais le public voulait entendre les mots fameux qui terminaient la pièce, et protesta. Il protesta si fort que le régisseur, alarmé des suites de sa faute, supplia les acteurs de reprendre la scène au moment où elle avait été malencontreusement interrompue. C'est à quoi consentit Mme Dorval ; mais Bocage, remonté dans sa loge, déjà démaquillé, refusa de descendre. Le tumulte était à son comble, les spectateurs qui n'avaient pas eu leur compte, menaçaient de tout briser. Le coupable se désespérait. « Eh ! bien, attendez, dit Mme Dorval, toujours bonne fille, nous allons essayer d'arranger cela. » Le rideau se releva montrant Adèle d'Hervey, inerte sur le fauteuil où elle était tombée quand la toile s'était baissée trop tôt. Un grand silence se fit dans la salle. Dorval parut se ranimer peu à peu, puis s'avança vers le théâtre : « Messieurs, dit-elle, je lui résistais : il m'a assassinée. » Et ces mots furent dits si pathétiquement qu'un tonnerre d'applaudissements succéda aux véhémentes protestations qui avaient failli provoquer une petite émeute.

CHAPITRE VI

LES SUCCÈS RETENTISSANTS

Cette création d'*Antony* fait de Bocage le roi du jour, au théâtre. Il est l'acteur romantique par excellence. Au demeurant, la figure qu'il a dessinée a produit une grande impression. On copie ses habits, ses gestes, ses attitudes ; tous les jeunes gens se donnent son air fatal. Ils ont, comme lui, le sourire amer, la pâleur, la mélancolie. Ils relèvent, d'un geste frénétique, des cheveux qu'ils voudraient avoir aussi longs et aussi noirs que les siens. Ils n'oublient pas de jouer distraitement avec un monocle carré pendant au bout d'un long ruban. L'acteur peut voir autour de lui, à nombre d'exemplaires, cette copie de sa physionomie. Il est de bon ton d'afficher une âpre ironie ou de laisser deviner qu'on est ravagé par une passion profonde. D'où sortirait-on si, malgré les raisons d'un parfait contentement de vivre, on ne paraissait maudire l'existence !

Comment Bocage ne serait-il pas grisé de ce succès qui semble le consacrer définitivement ? Il peut se flatter d'avoir eu une influence, par sa composition d'un personnage, non seulement sur des façons extérieures, mais sur des modes de penser et de sentir. Son caractère, enclin déjà à quelque indépendance, deviendra volontiers tranchant.

Mais, en cette année 1831, singulièrement féconde pour lui, il est tout au travail. *Antony* est du 3 mai. Le 25 juin, le misanthrope amant d'Adèle d'Hervey sera le farouche Africain de la pièce de Victor Escousse, *Faruch le Maure*; il fera applaudir ce drame fougueusement romantique, mais non par l'éclat de la forme (1). Cris de rage, de fureur, de vengeance, de passion, viols et meurtres, rien n'y manque. Mais il faut croire que, dans les dispositions où l'on était à admettre toutes les audaces, des vers qui semblent aujourd'hui presque comiques, passèrent la rampe et firent figure de beaux vers. Le thème de ce drame est assez absurde, mais on ne peut méconnaître de la fougue dans son développement.

Faruch le Maure,

(1) Acteurs : Faruch, Bocage ; Don Alphonse, Jemma ; Don Juan de Lopez, Davesne ; Don Fernand, Méret ; Don Carlos, Edouard ; Don Rodrigue, Sevrin ; Félix, Vissot ; Dona Isabelle, Mme Zélie Paul ; Marie, Mlle Aubé.

Nous avons dans notre collection une lettre d'un jeune auteur nommé Hugon, qui semble indiquer que Bocage avait eu une grande part dans la réception de *Faruch*. Il sollicitait l'appui de Bocage pour un drame qu'il lui présentait : « J'ai l'âge qu'avait Victor Escousse; le même désir de gloire me dévore ; le courage ne me manque pas ; je n'irai pas plus loin dans la comparaison, mais on m'a dit, monsieur, que c'était à vous qu'il devait les glorieux lauriers que la destinée lui réserva si vite. Voilà ce qui m'a fait vous rappeler son nom ; voilà ce qui me dit que vous me protégerez aussi de votre puissance. »

Cœur d'africain,
C'est dire cœur de lave avec un cœur d'airain...
Mélange de bassesse et dit-on de fierté,
Un satanique instinct au mal le détermine,

Faruch le Maure a une fille, Marie, douce et charmante, par contraste avec l'infernal auteur de ses jours. Bien que fiancé à la noble Isabelle, un seigneur portugais, Don Alphonse, poursuit Marie de ses assiduités, qui deviennent si pressantes que cette chaste enfant doit chercher par la fuite à lui échapper, et en fuyant, elle tombe dans un précipice et elle se tue. Don Alphonse, se reconnaissant quelque responsabilité dans cette mort, offre à Faruch de l'or. L'Africain le refuse avec dédain. « Que veux-tu donc ? » demande Don Alphonse. Ce qu'il veut ? C'est Isabelle, Isabelle elle-même. « Misérable ! s'écrie le gentilhomme. — Alors battons-nous ! » Le gentilhomme accueille avec mépris cette offre d'un combat. Son épée ne se trempe pas dans un sang noir ! — Du sang noir ! riposte Faruch et, s'ouvrant une veine avec son poignard :

« Du sang noir, as-tu dit. Tiens, est-il noir, mon sang ?
»

Don Alphonse hausse les épaules. « Ce n'est pas avec ma lame que je te frapperai,

Mais avec un bâton, comme un porc à l'engrais
Qui se rue au manteau d'un noble Portugais.

FARUCH

Tout autre qu'un sot noble aurait mieux su, je gage,
Qu'un porc peut, s'il le veut, lui cracher au visage !

Ce « porc, crachant au visage », image évidemment hardie, surtout au point de vue de l'histoire naturelle, fut le mot célèbre de *Faruch le Maure*, acclamé ou discuté, jeté frénétiquement par Bocage.

Ceci ne présage rien de bon pour Don Alphonse, que l'Africain quitte avec cette menace, en s'adressant à lui et à Isabelle :

Unissez-vous ; je signe un contrat de malheurs.
Et tôt ou tard, beau noble à l'âme vile, atroce,
Je vous apporterai votre présent de noce !

En effet, Faruch se vengera d'une façon terrible, par la force et aussi par la ruse, sous l'habit d'un moine.

Ce *Faruch le Maure* serait bien oublié sans la fin tragique de Victor Escousse, une sorte d'Antony à sa manière, victime de la maladie morale que le robuste Alexandre Dumas avait portée à la scène. Escousse, lui aussi, pour un échec au théâtre après un succès, estima qu'il n'avait pas sa place dans le monde. On sait son suicide, partagé par son ami et collaborateur Auguste Lebras, et les strophes de Béranger sur la fin de ces deux jeunes gens. Escousse avait été singulièrement favorisé par la chance, cependant. A dix-huit ans, il était joué à la Porte-Saint-Martin, et par l'acteur le plus en vue. La même année, en novembre, il faisait représenter à la Comédie-Française son *Pierre III*. Si ce drame n'eut que cinq représentations, les théâtres lui restaient ouverts. En 1832, c'était *Raymond* à la Gaîté. Cette dernière pièce, écrite avec Lebras, ne réussit pas. Etait-ce une raison pour douter à jamais de l'avenir et pour déclarer, par une note préparée que devaient insérer les journaux, que les hommes étaient indignes de conserver parmi eux un génie méconnu ? Folie d'orgueil, déterminée par la mode littéraire d'alors du désabusement et de la révolte contre la destinée.

Sur la table d'Escousse, qui avait soigneusement mis en scène cette mort dans laquelle il entraînait le faible Auguste Lebras, on trouva bien en évidence, des vers, souvent cités :

> Adieu, trop inféconde terre,
> Fléaux humains, soleil glacé
> ...L'air manquant, j'ai fermé mes ailes.

Or, ces vers touchants, qui paraissaient une suprême inspiration du poète, Escousse ne les avait pas écrits au moment d'allumer le réchaud de charbon. Il les avait composés deux ans auparavant ; c'était une romance destinée à être mise en musique par un jeune compositeur de ses amis, dans un temps où il ne se trouvait pas du tout de trop sur la terre. S'il renonçait à la vie, il entendait que rien ne fût perdu de son œuvre.

Mais dès le 11 avril, toujours de cette année 1831, Bocage fait une autre grande création. C'est Didier de *Marion de Lorme.*

Interdit par le gouvernement de la Restauration, le drame de Hugo lui avait été redemandé par la Comédie-Française, qui devait le jouer. Dans *Victor Hugo raconté par un témoin de sa vie,* il est dit que le poète retarda par scrupules de donner son autorisation. Trop d'allusions pouvaient être faites, au quatrième acte (celui qui avait motivé l'interdiction), à Charles X déchu du trône. Certes ces raisons, par une très noble délicatesse, entraient pour une part dans son refus de laisser représenter la pièce. Mais il y en avait d'autres aussi. Hugo et Dumas avaient formé un projet d'association pour la direction de la Comédie-Française. L'auteur de *Marion de Lorme* attendait la suite donnée à ces pourparlers. Au cas où ils eussent abouti, c'est lui-même qui, comme entrée de jeu, eût apporté son drame. La proposition n'ayant pas été accueillie, la Comédie-Française continuait à traverser des jours difficiles : aucun autre théâtre n'avait été plus atteint par les événements politiques. Il faisait des recettes dérisoires, même avec des pièces comme *Camille Desmoulins* qui suivaient le mouvement d'autres scènes. Le bruit courait de la dissociation de la société des comédiens ou de la fermeture du théâtre. La situation était peu tentante.

Ce fut donc à la Porte-Saint-Martin que Hugo porta

son drame, à l'heure, a-t-il dit, « où Charles X était déjà oublié ». Il y en eut une lecture, au foyer, et de nombreux amis du poète y assistaient, à côté des futurs interprètes. Ils l'avaient accompagné de chez lui au théâtre, formant « comme un détachement de sa garde ».

La première représentation de *Marion de Lorme* a été évoquée par Hugo. Aux répétitions, il n'avait eu qu'à se louer des acteurs, qui avaient montré le plus grand zèle. Mme Dorval s'était passionnée pour son rôle. Gobert dans Louis XIII, devait à l'auteur qui l'avait tiré du mauvais pas où il s'était mis avec Crosnier, le directeur du théâtre, une gratitude qu'il avait à cœur de prouver. Provost, Serres, Chéri, Jemma, Auguste, le bon Moëssard, Davesne, devaient faire dire au poète « qu'il n'était pas de pièce qui eût été exécutée avec plus d'ensemble ». Bocage avait d'abord manifesté quelque dépit. Venant de jouer Antony, il trouvait qu'il y avait quelque ressemblance entre Antony et Didier, tous deux bâtards et misanthropes : il eût préféré le rôle de Louis XIII. Mais, ce premier mouvement d'humeur passé, il s'attacha à son personnage.

Hugo parle de l'opposition que trouvèrent plusieurs scènes, bien que les sifflets eussent été vaincus par les applaudissements. Une lettre intime de Sainte-Beuve à Victor Pavie, donnant la physionomie de la soirée, dépeint le public « non malveillant, mais fatigué ». La représentation avait été très longue, n'avait fini qu'à une heure du matin. Les journaux traduisent la même impression. « Public fort bon, mais las. » Il fallut faire des coupures pour que le spectacle se terminât à une heure normale. Le surlendemain, le *Courrier des Théâtres* écrivait : « Hier la salle était pleine, et le succès a été encore plus vif. Voilà encore ce théâtre à la mode. » Malgré l'habitude de l'alternance, la pièce fut jouée vingt-quatre fois de suite, et les représentations continuèrent, en septembre, fût-ce en dépit des émeutes.

De Bocage dans Didier, Victor Hugo a dit « qu'il fut tour à tour grave, lyrique, sévère et passionné » et « qu'il avait réalisé son idéal ». Il le déclarait « admirable », au demeurant, dans la scène du pardon :

> Je vais mourir. Je t'aime;
> Et de le dire ici, c'est mon bonheur suprême.

Mais Bocage n'eut pas avec Hugo, plus réservé, d'une courtoisie qui ne s'abandonnait pas à la familiarité, le contact qu'il eut avec l'expansif Dumas.

CHAPITRE VII

UN DIRECTEUR LÉGENDAIRE
LA « TOUR DE NESLES »

— Nous sommes vendus ! avait dit Mme Dorval à Hugo, le soir de la première représentation de *Marion de Lorme.*

Crosnier, en effet, venait de vendre la direction de la Porte-Saint-Martin à Harel, qui toutefois gardait celle de l'Odéon un an encore, prenant ainsi la responsabilité d'une double entreprise. Il faisait passer souvent la troupe du boulevard sur la rive gauche.

Curieuse physionomie que celle de Harel qui devait présider aux destinées de la Porte-Saint-Martin, « la Sublime Porte », disait en riant Théophile Gautier. Que de contrastes se trouvent en cet homme singulier, qui connut toutes les extrémités humaines !

Il mêla tumultueusement le bien au mal, les hautes ambitions littéraires au pire puffisme. Ses succès et ses revers furent également retentissants. Il avait été un des premiers à ouvrir la scène aux romantiques ; il joua des œuvres éclatantes et, sur les mêmes planches, monta des œuvres saugrenues, dont personne moins que lui n'ignorait la sottise, et où paraissaient des animaux savants. Il faut croire qu'il avait beaucoup d'esprit, puisque c'était l'opinion de tout le monde. Les feuilletons de Gautier le raillent souvent, mais ne cessent de lui décerner le brevet d' « homme spirituel ». Il semblait toujours, selon Dumas, « assis sur un tabouret de verre et mis en contact avec une machine électrique, avoir une étincelle au bout de chaque doigt, au bout de chaque cheveu ». Ses mots faisaient le tour de Paris et, aux jours malheureux, ce fut encore avec des mots qu'il désarma la légion de ses créanciers qui ne lui furent point implacables, bien qu'il n'eût jamais été fort scrupuleux.

Il y avait une foule d'hommes en lui, un lettré et un charlatan, un héros (tout jeune sous-préfet de l'Empire, il avait été incontestablement très vaillant, à Soissons, pendant l'invasion) et un Mascarille, un philosophe et un aventurier. Il eut aussi le tempérament d'un tyran et, en même temps, celui d'un esclave, humblement soumis aux caprices et aux volontés de Mlle Georges. Après une existence prodigieusement mouvementée, ayant tout vu, tout tenté, tout remué, il finit par où commencent les débutants, par des couronnes académiques, avec un *Éloge de Voltaire.*

Cordelier-Delanoue a conté sur lui, dans le *Corsaire*, une anecdote significative. Harel avait reçu un *Struen-*

sée d'un auteur, Arnould, qui lui avait déjà confié un *Masque de Fer*, accepté, mais non joué. Et Arnould, cette fois, réclamait un traité.

— Mon Dieu, dit Harel, je veux bien... faites-le donc rédiger par les notaires les plus habiles... que les plus forts des avoués y mettent la main... que les plus madrés parmi les avocats en garantissent les dispositions.. Qu'il soit soumis ensuite aux juges les plus méticuleux... Eh ! bien, je me connais... J'aurai tout de même envie de les tromper tous !

Dumas se fâchait avec lui quand il lui avait joué quelque mauvais tour ; mais, incapable de longue rancune, il se réconciliait aussi facilement qu'il s'était brouillé. Hugo n'avait pas ce bon « garçonnisme », et il eut la dent plus dure contre Harel, à qui il ne pardonnait pas quelques mots mordants ou quelques procédés dont s'était choquée son olympienne majesté; et, pourtant, lui aussi, il subissait l'ascendant de l'entrain, de la verve, voire de la rouerie d'Harel : témoin l'histoire du duel qui faillit avoir lieu entre l'auteur de *Lucrèce Borgia* et le directeur de la Porte-Saint-Martin, et qui se termina par une convention pour un nouveau drame.

A vingt-cinq ans il avait été préfet des Landes, pendant les Cent Jours. En 1815, exilé, envoyant des lettres d'Allemagne à la *Minerve française*, il était réduit aux expédients. En 1820, amnistié, il s'employait à se faire nommer agent de change et, n'y ayant point réussi, il fondait le satirique *Nain Jaune*, où il faisait de la preste et mordante opposition. Vers la fin de la Restauration, bien que bonapartiste et voltairien, il trouvait pourtant le moyen de se faire donner, par le vicomte de la Rochefoucauld, le privilège du théâtre royal de l'Odéon, avec une augmentation de subvention.

De 1830 à 1840, il était un des hommes dont s'occupait le plus Paris. En 1842, il était ruiné et se rejetait vainement dans cent entreprises, et même dans la littérature. En 1846, il mourait fou, dans la misère. Dans les *Choses vues*, il y a quelques lignes assez tragiques sur cette fin. C'est Mlle Georges qui vient voir le poète et qui parle : « Je suis revenue à Paris voir la tombe de ce pauvre Harel. Quelle chose que la vie ! Penser que cet homme si spirituel est mort idiot ! Il passait ses journées à faire comme ça, avec ses doigts... Il n'y avait plus rien. »

Harel a laissé toute une légende. C'est lui qui, pour obtenir le payement d'une partie de la subvention de l'Odéon, suspendue après la révolution de 1830, faisait mine de se brûler la cervelle dans le cabinet de Casimir Perier ; c'est lui qui, pour forcer la porte bien défendue de M. Thiers, lui faisait dire qu'il avait à lui révéler un complot et, introduit auprès du ministre anxieux, lui déclarait que ce complot n'était que contre la caisse du ministère. C'est lui, plus tard, qui, dans une passe difficile, avait l'idée d'aller en grande tenue de chef de bataillon de la garde nationale, trouver le roi pour lui emprunter de l'argent. Mais Louis-Philippe était sur la défensive. — Hélas, mon cher Harel, répondit-il, en accompagnant du moins son refus d'un sourire, ne suis-je pas moi-même obligé de recourir aux emprunts ?

A l'Odéon, il avait livré de grandes et belles batailles, *Christine à Fontainebleau, La Maréchale d'Ancre, Roméo et Juliette.* Il était acquis aux nouvelles idées littéraires. Puis la chance ayant tourné, il eut recours à d'étranges expédients, et le même homme qui avait appelé à lui les poètes prêta sa scène, encore glorieuse, aux exercices d'une troupe de saltimbanques et à l'exhibition de l'éléphant savant Kioung.

A la Porte-Saint-Martin, il allait retrouver une ère de prospérité, s'honorer encore en représentant de grandes œuvres, *Richard Darlington, Lucrèce Borgia, Marie Tudor, La Tour de Nesles*; et lui qui s'était plaint qu'on lui refusât le droit de donner *Rodogune,* il devait un jour s'enthousiasmer pour le dompteur Van Amburg et faire faire une pièce pour lui. Les exigences de Mlle Georges, à laquelle il obéissait servilement, sans être pour cela très bien traité par elle (Dieu sait pourtant s'il soignait la gloire de l'actrice par des démarches et des lettres incessantes aux critiques du lundi !), contribuèrent à le jeter sur une pente dangereuse. Ses dettes devinrent écrasantes. L'interdiction de *Vautrin* le ruina définitivement. Ce fut encore Mascarille, quand il lutta contre la mauvaise fortune, pour gagner du temps, espérant toujours remettre à flot le lourd vaisseau dont il était le pilote, et déjà échoué.

Un jour, il empruntait quinze cents francs au cocher du cabriolet qu'il avait pris, en l'étourdissant de mille folles histoires. Un autre jour il transformait en commanditaire un huissier qui le poursuivait.

Les créanciers d'Harel étaient abusés par ses promesses, par l'assurance avec laquelle il affirmait qu'il referait vite fortune. Lui-même, jusqu'au moment où sa raison sombra, il garda l'opiniâtre illusion d'un retour du destin en sa faveur. La fortune, il ne la trouva pas à Odessa où il alla à la tête d'une troupe improvisée ; il ne la trouva pas non plus comme auteur à la Comédie-Française et à l'Odéon, où il fit jouer *Les Grands et les Petits* et — titre un peu ironique — *Le Succès.*

Entre le comédien et le directeur, il y eut bien des brouilles et des réconciliations, mais Harel est mêlé à la période la plus active de la carrière de Bocage. Pour celui-ci, l'année 1832 devait être aussi importante.

On a dit justement qu'un auteur ayant à sa disposition des artistes d'envergure dans l'originalité sent augmenter en lui sa puissance dramatique. Alexandre Dumas, en pleine production, ainsi Frédérick, Bocage, Ligier, Marie Dorval, Mlle Georges. Il vient de donner coup sur coup *Charles VII chez ses grands vassaux,* et *Richard Darlington.* Il accepte la proposition du directeur de l'Opéra-Comique, Laurent, qui, traversant une passe difficile, a eu l'idée de recourir au drame. De la musique, on en fera pendant les entr'actes. Dumas donne à Laurent *Térésa,* et emmène Bocage, en qui il a, depuis *Antony,* toutes les raisons d'avoir confiance. (Que fût-il advenu d'*Antony*, en effet, sans l'acteur parfaitement adéquat au rôle, sans cette sorte de magnétisme par quoi il s'imposait ?) Les autres interprètes seront Laferrière et Ida Ferrier, qui deviendra en 1840, après une longue liaison, Mme Alexandre Dumas ; mais Dumas n'aura pas pour sa femme la constance qu'il avait eue pour sa maîtresse. Ida Ferrier et Bocage se retrouveront dans plusieurs pièces à la Porte-Saint-Martin.

Térésa (6 février 1832) est un drame violent, dont on se rappelle surtout une scène vraiment pathétique. Arthur de Savigny, marié à Amélie Delaunay, a aimé une belle Napolitaine, Térésa, à laquelle il sauva la vie pendant une éruption du Vésuve. Il a gardé profondément son souvenir. Or, le vieux colonel Delaunay, son beau-père, a épousé, pendant un voyage à Naples, une toute jeune femme. Et cette jeune femme, c'est Térésa. Appelés à vivre l'un près de l'autre, Arthur et Térésa ne se retrouvent pas sans un grand trouble. Ils luttent d'abord contre la passion qui les entraîne, mais ils succombent. (Cette fois, si le rideau tombe, au troisième acte, comme dans *Antony*, à un moment très opportun, ce n'est pas un viol.) Amélie et Delaunay découvrent, par des lettres qui ne peuvent leur laisser aucun doute, qu'ils sont tous deux trahis. Le désespoir de sa fille, sa propre infortune inspirent au colonel un âpre désir de vengeance. Il insulte son gendre, il le provoque. Un duel est décidé. A ce duel, le vieux soldat renoncera, cependant, devant ce dilemme : sa fille veuve ou orpheline. Mais quel effort magnanime de sa part, alors qu'il est frémissant de colère ! Et c'est ici la très belle scène qu'évoque une lithographie de Tony Johannot (1), le colonel se contraignant à faire des excuses à Arthur pour l'avoir insulté, Arthur confessant sa faute, se jetant aux genoux de l'homme dont il comprend, à ce moment, l'héroïsme. Quant à Térésa, elle s'empoisonne.

« Ces cinq actes, poignants, palpitants, étourdissants, ne laissent pas au spectateur le temps de remarquer les réminiscences et les invraisemblances : les applaudissements partent du cœur. » A ce jugement de la pièce, on ajoute : « Dumas et Bocage se comprennent admirablement ; l'Antony de la veille s'est transformé dans cette composition du colonel Delaunay ; il était sardonique et fatal ; il est la loyauté et la dignité mêmes. » « Tout sert Bocage, tout, jusqu'à ses défauts dans ce rôle pour en faire un type idéal », écrit-on. C'est bien la

(1) *L'Artiste*, tome III, année 1832.

longue charpente osseuse d'un vieil officier de l'Empire, aminci, ossifié par la souffrance physique, croulant sous le poids de la souffrance morale. »

Mais voici une grande date. Le 28 mai c'est, à la Porte-Saint-Martin, la première représentation de *La Tour de Nesles,* et ce sera une nouvelle et bien différente création de Bocage que celle de Buridan (1).

L'histoire a été cent fois faite des démêlés de Dumas et de Gaillardet. On sait que Harel avait reçu de Gaillardet une pièce que, en la relisant, il trouva insuffisante. Il en porta le manuscrit à Alexandre Dumas qui refit le drame, à sa manière, c'est-à-dire en le transformant, à l'insu du premier auteur. Gaillardet, qui se trouvait éloigné de Paris, fut averti par Félix Pyat qu'on répétait *La Tour de Nesles* dans cette version nouvelle. Il est superflu de rappeler les controverses, les duels, les procès auxquels donnèrent lieu les contestations du premier père de la pièce, l'aimant mieux débile comme elle était que lorsque Dumas lui eut donné du sang et des muscles.

Ces débats, qui avaient épuisé toutes les formes et tous les arrangements, devaient reprendre en 1848, quand Dumas et Gaillardet se trouvèrent l'un et l'autre

(1) Distribution de *La Tour de Nesles* : Buridan, Bocage ; Gautier d'Aulnay, Delafosse ; Orsini, Auguste ; Savoisy, Provost : Louis X, Chilly ; de Pierrefond, Monval ;Enguerrand de Marigny, Auguste Z ; Landry, Serre ; Simon, Héret ; sire Raoul, Davesne ; Marguerite de Bourgogne, Mlle Georges ; Charlotte, Mlle Laisné ; une femme voilée, Mlle Oudry.

briguer les suffrages des électeurs de l'Yonne. *La Tour de Nesles* fut alors évoquée dans des affiches électorales, par ces deux candidats qui, d'ailleurs, renvoyés dos à dos, comprirent, devant la candidature du prince Louis-Napoléon, qu'ils n'avaient qu'à se retirer.

Le rôle de Buridan avait été destiné à Frédérick Lemaître. Mais Frédérick avait quitté Paris quand il s'agit de commencer les répétitions. Le choléra faisait alors à Paris ses ravages. « Il faudra bien que le fléau s'en aille, disait Harel, il y aura alors une réaction en faveur des théâtres, et le moment sera excellent pour lancer un drame. » Et Harel voulait être prêt pour profiter de ce retour du public.

Frédérick, cependant, restait insensible aux appels ; il s'était retiré à la campagne, éprouvant une crainte insurmontable de l'épidémie qui faisait, en effet, tant de victimes. Buridan fut donné à Bocage.

Quand il apprit que le rôle lui échappait, Frédérick, qui tenait fort au rôle, oublia ses alarmes et revint à Paris. Il s'indigna contre la hâte avec laquelle Harel l'avait remplacé, il protesta, il rugit ; mais il était trop tard. Il réclama l'intervention de Dumas, assez embarrassé, car l'auteur dramatique souhaitait ménager également les deux grands interprètes de ses pièces. Enfin, Frédérick se décida à une démarche auprès de Bocage. La conversation entre les deux rivaux dut être assez orageuse. On en a l'écho par la lettre, manquant complètement de cordialité, que Bocage écrivit, le lendemain, à Frédérick, revenu à la charge.

MONSIEUR,

Je rentre. On me remet votre lettre. Vous me demandez si je suis dans les mêmes conditions qu'hier, et si je veux vous écrire ce que je vous ai dit, ce que je vous ai offert pour vous tirer de la fâcheuse position dans laquelle vous vous trouvez. Je n'ai jamais manqué à ma parole, même quand je l'avais donnée contre mes intérêts. Je vous le répète donc :

Je garderai le rôle de Buridan, ou M. Harel consentira à me donner la somme de quatre mille francs, moyennant quoi je romprai mon engagement.

Ce sont bien mes paroles, n'est-ce pas ? Et, quoique je sois fort innocent de tout le chagrin que vous éprouvez, comme vous l'étiez de celui que j'ai éprouvé de la perte de Richard Darlington, je n'hésite pas, malgré tout le désir que j'aurais de rester à la Porte-Saint-Martin, à vous donner par écrit ce que vous me demandez pour M. Harel. Comme vous, je pense qu'il faut terminer promptement cette affaire, pour l'administration et pour nous, car il est fort ennuyeux de ne savoir à quoi s'en tenir. Je rentre ce soir pour étudier : ayez la complaisance de m'écrire ce que vous déciderez.

Comme vous, Monsieur, je suis fâché qu'il ne nous soit pas possible de renouer autrement notre ancienne connaissance du Conservatoire, et je désire beaucoup que M. Harel trouve le moyen de tout concilier.

Votre dévoué serviteur,

BOCAGE (1).

Harel, outre qu'il ne lui déplaisait pas d'entretenir des rivalités entre les deux artistes, ne désirait aucu-

(1) Henry LECOMTE : *Frédérick Lemaître*, t. I, chap. XII.

nement se séparer de Bocage. D'ailleurs, Mlle Georges ne régnait pas à la Porte-Saint-Martin pour n'y voir, comme dans les mois précédents, que des succès de Frédérick. Elle soutint le bon droit de Bocage, heureux de se montrer sous un aspect nouveau, dans un personnage chevaleresque et tumultueux. « Dix manants contre un gentilhomme c'est cinq de trop !... Ce sont de grandes dames, je vous le dis !... Fouille mon cœur avec vingt poignards et tu n'y trouveras pas mon secret... Bien joué, Marguerite !... A toi la première partie, mais à moi la revanche !... Une croix rouge, une croix au bras gauche !... Porte d'enfer, mon fils... mon fils ! »

Comment Bocage joua-t-il Buridan, rôle repris par les acteurs « à panache » ? Les témoignages s'accordent à dire qu'il y montrait une passion contenue, une flamme cachée, on ne sait quoi de concentré et d'irrésistible. Frédérick, qui devait un peu plus tard incarner ce Buridan, qu'il avait tant désiré créer, l'extériorisa davantage, ainsi que le firent aussi Mélingue et Dumaine. C'est de sa voix que Bocage tirait surtout ses effets, qui produisaient une grande impression.

CHAPITRE VIII

UN AN A LA COMÉDIE FRANÇAISE
UNE MANIFESTATION POLITIQUE

Bocage a le succès sur le boulevard. Il y a vaillamment conquis sa situation. Il en est fier, en se souvenant des difficiles années du début. D'autres grands rôles l'attendent qu'Alexandre Dumas lui réserve. Les conditions matérielles qui lui sont faites, si modestes qu'elles semblent aujourd'hui, sont suffisantes pour l'époque. Les six mille francs d'appointements alloués par M. Crosnier se sont arrondis avec Harel. Frédérick a fait monter les appointements des acteurs en vue, et Bocage a pu justement émettre, à son tour, ses prétentions. Il est en droit aussi d'envisager les bénéfices de représentations en province. C'est ainsi qu'il a passé à Rouen, avec le prestige de ses récentes créations, à Rouen d'où il partit si pauvre, l'ouvrier tisserand qui abandonnait son métier n'étant armé que de volonté et n'étant soutenu que par l'espoir.

Cependant (il est encore dans la période des sacrifices d'intérêt à une ambition d'artiste), c'est vers la

Comédie-Française, qui fut jadis sévère à l'inconnu de 1821, que se porte sa pensée. Dès l'année précédente, il a tâté le terrain, il a fait des démarches. Il a même proposé une formule d'engagement, offrant largement l'emploi de ses talents, en exceptant seulement les rôles de confidents de l'ancien répertoire. Les pourparlers sont laborieux et traînent. Il y a, dans le Comité, de l'opposition. On ne peut nier ses succès ; mais certains, qui ont le culte des traditions, ne les trouvent pas de bon aloi. L'engagement est enfin conclu :

M. Bocage est engagé pour les premiers rôles et pour ceux qui lui seront distribués par les auteurs et le Comité d'administration.

Sous la condition expresse en préalable que l'exécution de cet engagement sera précédée d'un début annoncé, dans les pièces de Corneille et de Molière restées au théâtre (1).

L'engagement sera alors de dix-neuf mois, aux conditions de 4.000 francs d'appointements et de 1.000 francs de gratification facultative. Un dédit de 10.000 francs est prévu.

Bocage a accepté ces 4.000 francs, qui diminuent fort ses ressources, et même le dédit excessif ; il accepte tout, pour l'honneur d'appartenir à la première scène française. Il va se heurter à bien des préventions et connaître bien des déboires. Quoique la Comédie joue

(1) Archives de la Comédie-Française.

des pièces romantiques, le romantisme y a encore des adversaires. Quelques-uns des sociétaires considèrent l'acteur, fêté au boulevard, comme un excentrique.

Bocage se montrera plus tard quelque peu chicanier, processif, assez âpre dans ses débats d'argent. Il est juste de reconnaître que, à ce moment, c'est la seule passion du théâtre, dans ce qu'elle a de plus élevé chez un comédien, qui le possède. Mais, dès son début dans *L'École des vieillards*, il est en butte à des tracasseries qui lui rendront la vie difficile, qui justifieront ses mouvements d'humeur, ses récriminations, ses susceptibilités, donnant des armes contre lui à ceux qu'il gêne par ses idées et ses conceptions d'artiste, volontiers proclamées. Il accentuera des dispositions déjà hostiles à son égard. Vient-il donner des leçons à des acteurs qui se flattent de leur maîtrise, dont la situation vis-à-vis du public est fortement assise ? Il secoue les traditions, à l'effroi de leurs gardiens ; il se mêle de rénovations dans *Nicomède* et dans le *Misanthrope*. On a l'écho de répétitions orageuses, où Bocage lutte pour imposer une interprétation qui est jugée aventureuse. C'est « l'air empesté du boulevard » qu'il apporte dans des chefs-d'œuvre classiques, ayant la prétention de les comprendre d'après ses propres réflexions. « Ces rôles, dit alors Félix Pyat, qui, il est vrai, a quelque partialité en sa faveur, il les joue mieux que les chefs d'emploi, mais autrement : c'est son tort. »

Voici pourtant un drame, tout à fait romantique, de Frédéric Soulié, *Clotilde*, où Bocage a un rôle de contempteur de toutes les lois sociales, de révolté, d'ambitieux effréné. Mlle Mars, cette fois, n'a pas reculé devant le personnage d'une jeune femme à qui il faut, pour lui faire battre le cœur, « des amours délirantes, des jalousies furieuses, des malheurs, des crimes même ». L'homme qu'elle aime, Christian, répond à cet idéal. Pour s'élever jusqu'à elle, il a assassiné et volé un vieil usurier juif. Aussi se donne-t-elle à Christian ; mais quand, après deux ans de vie commune, celui-ci lui est infidèle, elle n'hésite pas, dans un accès de jalousie, à le dénoncer, quitte, bientôt, à se désespérer de l'avoir perdu. Elle vient le trouver dans sa prison et le supplie de lui accorder son pardon. — « Maintenant, lui dit Christian, toi qui as été capable d'un grand crime et d'un si grand remords, toi qui m'as aimé au point de te déshonorer, que m'apportes-tu ? — Du poison ! — A la bonne heure ! » Et ce poison, les deux amants, réconciliés dans la mort, le boivent ensemble.

Mais Bocage n'avait plus une Marie Dorval comme partenaire. Mlle Mars, par son élégance et sa distinction (qui lui valurent, d'ailleurs dans cette création, le succès auquel elle était habituée) avait tendance à adoucir les tons violents de la pièce. Bocage était, par là, conduit à se réfréner.

Il joua encore avec Mlle Mars, Menjaud, Geffroy,

Régnier, Mme Desmousseaux et Dupuis, une *Clarisse Harlowe*, de Dinaux (pseudonyme de Beudin et Goubaux), dont la carrière n'alla pas au delà de onze représentations. Son caractère, naturellement indépendant, s'aigrissait dans ses rapports avec quelques-uns des sociétaires, qui continuaient, s'ils ne pouvaient méconnaître son intelligence dramatique, à discuter l'emploi qu'il en faisait. Les relations entre les dirigeants de la Maison et lui ne cessaient d'être tendues. Il avait l'amour-propre chatouilleux, et on se plaisait à lui donner des sujets de dépit. Il s'insurgea quand on lui imposa l'obligation de paraître dans une médiocre comédie en un acte, *Henriette et Raymond* ou *L'Artisan jaloux ;* il exposa les inconvénients que pouvait avoir pour lui un rôle aussi peu important, se plaignit des procédés dont on usait à son égard. On lui répondit administrativement, par cette lettre sévère, le rappelant à une discipline rigoureuse, qui pliait pourtant pour d'autres :

Monsieur, le Comité n'ayant pas à s'expliquer sur les faits énoncés dans la première partie de la lettre que vous lui avez adressée, se borne à répondre aux questions que vous lui avez soumises.

Sur la première, nul doute que les auteurs ne soient en droit de faire la distribution de leurs pièces. Ce droit ne leur a jamais été contesté. Il est en même temps un devoir pour eux, ainsi que le Tribunal de commerce vient tout récemment de le reconnaître, dans une autre espèce.

A l'égard de la seconde, le Comité vous engage à chercher la solution dans les termes mêmes de votre engagement. Loin d'y trouver le droit de refuser un rôle, vous verrez que vous avez contracté l'obligation d'accepter tous ceux qui vous seront distribués. Quant à la troisième question, qui n'est pas posée dans des termes aussi précis, le Comité ne peut que vous rassurer sur les conséquences qu'entraînerait l'accomplissement d'un devoir (1).

Les conflits devenaient chaque jour plus aigus. Il n'est pas impossible que Bocage n'ait rien fait pour éviter de les provoquer. Il avait, le cas échéant, la dent dure et la riposte prompte. Il rendait à l'aréopage de la rue de Richelieu, qui le considérait comme intraitable, la monnaie des appréciations que celui-ci portait sur lui. Au demeurant, on l'invitait à comprendre que son avenir n'était pas à la Comédie-Française. Bref, son engagement fut résilié le 25 septembre 1833 (2).

Libre, il revenait à la Porte-Saint-Martin qui, pendant son absence, avait joué *Lucrèce Borgia*. Le moment était d'autant plus favorable pour lui que Frédérick, fâché une fois de plus avec Harel, venait de rompre avec le théâtre. Bocage allait rester trois ans sur la scène où, le soir d'*Antony*, il avait inscrit son nom dans l'histoire théâtrale.

A la Porte-Saint-Martin, Bocage a ses coudées franches,

(1) Inédit. Archives de la Comédie-Française.
(2) Le 30 mai 1833, dans une représentation donnée à l'Opéra au bénéfice de Mme Dorval, il avait créé avec elle *Quitte pour la peur*, d'Alfred de Vigny.

on ne le discute pas. Il a ses auteurs et son public. Alexandre Dumas lui confie, dans *Angèle*, le rôle d'Alfred d'Alvimar. C'est encore une des pièces violentes de Dumas. Cet Alfred d'Alvimar est ce qu'on appellerait aujourd'hui un féroce arriviste. Le drame s'appelait d'abord *L'Echelle des Femmes*, ce qui en indiquait le sujet : un « Lovelace en habit noir » qui se sert des femmes pour la réalisation de ses ambitions. Il séduit une jeune fille, Angèle ; mais il trouve plus d'avantage à épouser la mère de sa victime. Cet immoral mariage va se conclure, être annoncé au milieu d'un bal... Il y a là une scène qui ne laissa pas que de paraître assez dure, même en ce temps d'audaces, et qui passa pourtant. Dans une chambre voisine des salons où l'on danse, Angèle, rentrée dans la maison maternelle où, éperdue, elle a cherché un refuge, accouche, et il semble qu'on assiste à l'accouchement, tant il y a de précisions dans les détails qui sont donnés. La duplicité de d'Alvimar est percée à jour. Il va être contraint à une réparation à laquelle il entend se dérober par la fuite. Mais il n'a pas le temps de disparaître. Un médecin poitrinaire, qui a toujours aimé Angèle, qui dispose pour elle de ce qui lui reste de vie, sera le justicier. Il se bat en duel avec d'Alvimar et légitime l'enfant en donnant son nom à Angèle.

Le 18 mars 1834, Bocage créait le rôle du Bravo dans un drame éperdument romantique, signé d'Anicet Bourgeois, *La Vénitienne*. Bocage avait « inventé », comme dramaturge, Anicet Bourgeois. C'était lui qui l'avait présenté à Alexandre Dumas, à qui le jeune auteur avait apporté l'esquisse de *Térésa.* Avec Dumas Anicet Bourgeois avait écrit *Le Fils de l'Emigré,* et la chute de l'ouvrage n'avait pas brouillé les deux collaborateurs, puisque Dumas était de *La Vénitienne.*

La tyrannie du Conseil des Dix, les exécutions mystérieuses, les hommes masqués, les canaux rendant les cadavres, Guilbert de Pixérécourt les avait déjà servis dans ses mélodrames, comme dans *L'Homme aux trois visages* ; mais le romantisme avait adopté Venise. Le Bravo, c'est le terrible instrument des vengeances secrètes des Dix. Il se tient debout entre les colonnes de la place Saint-Marc sans que personne ait jamais aperçu son visage, prêt à assassiner les gens quand il en reçoit l'ordre. Redoutable emploi : Giovanni, qui l'occupe, ne l'a pas accepté de gaîté de cœur. Il ne s'en est chargé que par suite d'un cruel marché qui lui a été imposé par le Doge, pour sauver de la mort son vieux père, arrêté comme conspirateur et dont l'échafaud était déjà prêt. Encore un personnage sur lequel pèse la fatalité, et maudit ! Son père, toujours prisonnier, répond de son existence aux instructions qui couvrent ses mains de sang. Cruelle alternative ! L'ordre lui est donné de plonger son poignard dans le cœur de la belle Théodora, qui a insulté un des membres du Conseil, et c'est dans le temps même qu'il a reconnu en elle une femme qu'il aima, mère de la jeune Violetta, qui est aussi sa fille à lui. Ou la hache du bourreau s'abattra sur son père, ou il tuera cette femme qui lui est sacrée maintenant... Héroïquement, Théodora, qui a quelques fautes à expier, se frappe elle-même. Bocage campa avec relief cette figure du Bravo. La pièce où Mlle Georges jouait le rôle de Théodora, eut un succès considérable qui, à la vérité, ne s'explique aujourd'hui que par le goût d'alors pour les conceptions dramatiques les plus échevelées.

Bocage se retrouvait là, de nouveau, avec Lockroy, son camarade de l'Odéon, jeune premier chaleureux, mais, dit-on, sans beaucoup de variété dans son jeu. Les deux comédiens avaient des affinités d'idées. Ils étaient acquis aux novateurs, et ils frondaient tous les deux le régime issu de la Révolution de 1830. Lockroy se flattait d'avoir fait, lui aussi, sa révolution sur la scène, à ses débuts, en gardant ses moustaches. Il ne se contentait pas d'être acteur : il avait déjà fait jouer cinq ou six pièces à l'Odéon, au Gymnase, au Vaudeville, et à la Porte-Saint-Martin même. Interprète de Dumas, il devait plus tard collaborer avec lui. Dans *La Vénitienne*, Provost qui, deux ans après, recommencerait une autre carrière à la Comédie-Française, incarnait le traîtreux comte de Bellamonte, artisan de la condamnation de Théodora.

Pour Bocage, il prenait sa revanche des mortifications qu'il avait connues rue de Richelieu, il jouissait de ses succès, et ne se croyait pas tenu à la modestie. Il était d'ailleurs d'humeur susceptible. Estimant un jour qu'un auteur (la chronique de 1835 ne dit pas lequel) ne lui avait pas témoigné assez d'égards, il attendit, en arrivant au théâtre, que celui-ci le saluât le premier. L'auteur en question vit là une impertinence.

— Monsieur, dit-il à Bocage, je vous retire le rôle que je vous avais confié.

— Monsieur, répondit le comédien, quand j'ai accepté votre rôle, j'ai dit tant pis pour moi. En vous le rendant, je dis : tant pis pour vous.

Au demeurant, comment vérifier l'authenticité de cette anecdote, relatée par un contemporain comme un beau trait de caractère. Mais Bocage avait, assurément le sentiment de son importance. Harel la reconnaissait quand il avait besoin de lui et tentait de la diminuer dans l'autre cas.

Une page d'Henri Heine, dans ses lettres sur la France, donne bien l'impression de la situation que Bocage occupait alors au théâtre. C'était un parallèle entre Frédérick Lemaître et lui :

Je serais injuste, disait Heine, quand je rends un témoignage si louangeur pour Frédérick, de passer sous silence l'autre acteur que Paris possède. Bocage jouit ici d'une réputation aussi grande et sa personnalité est, sinon aussi remarquable, du moins aussi intéressante que celle de son confrère. Bocage est un bel homme, distingué, dont les manières et les mouvements sont nobles. Sa voix métallique, riche en inflexions, se prête aussi bien aux éclats les plus tonnants du courroux et de la fureur qu'à la tendresse la plus caressante des murmures amoureux. Dans l'explosion de la plus violente passion, il conserve toujours la dignité de l'art et dédaigne de s'aventurer dans la nature brutale, comme Frédérick, qui obtient à ce prix de grands effets, mais des effets sans beauté poétique... Celui-ci est une nature exceptionnelle, qui domine moins sa puissance démoniaque qu'il n'est subjugué par elle. Bocage n'est pas autrement organisé que le reste des hommes ; il se distingue d'eux seulement par une plus grande finesse d'organisation. Ce n'est point un produit bâtard d'Ariel et de Caliban, mais un être harmonique, figure élevée et belle comme Phébus-Apollon. Son œil a moins de valeur mais il peut produire des effets immenses avec un mouvement de tête, quand il la rejette dédaigneusement en arrière ; il a de froids soupirs ironiques qui vous passent dans l'âme comme une scie d'acier. Il a des larmes dans la voix et des accents de douceur tellement profonds qu'on croirait qu'il saigne intérieurement... S'il se couvre les yeux avec les mains, on croirait entendre la Mort dire : Que la nuit soit ! Puis, quand il sourit, c'est comme si le soleil se levait sur ses lèvres.

Au déclin de la carrière de Bocage, ces éloges pouvaient paraître hyperboliques. Dans sa grande époque, cependant, Alexandre Dumas lui reprochait amicalement d'abuser d'une sorte de tremblement nerveux.

Chez l'homme, en lui, il y avait un souci sincère de dignité qui, avec le temps, devait tourner à une sorte de solennité. Il répondait ainsi à une lettre annonçant une visite dont l'objet n'était pas précisé :

Il m'est arrivé quelquefois d'exciter la curiosité à la ville plus qu'au théâtre, peut-être. On désire voir le comédien comme on désire de voir une personne qu'on n'a jamais rencontrée qu'au bal masqué et qui vous a intrigué, ou encore comme des lions ou la girafe du Jardin des Plantes, et, alors, pour ceux d'entre nous qui ont quelque politesse, c'est vraiment une fatigue.

Nous avons dit qu'il affichait volontiers ses opinions politiques. Il avait été déçu par la tournure prise par les événements après les journées de juillet. Au début du nouveau règne qui fut troublé par tant d'émeutes, il avait pris part à une manifestation, en haranguant une foule nerveuse et, arrêté, il avait subi un bref emprisonnement, contre lequel il avait protesté par des lettres publiées par le *National* et la *Tribune*. Il avait contre Louis-Philippe des rancunes qui avaient besoin de s'exhaler.

Il engagea un jour Harel à faire une reprise de *Pinto*, de Népomucène Lemercier. Cette comédie historique, jouée pour la première fois le 1er germinal an VIII, avait eu Talma comme protagoniste. Harel fut un peu surpris de cette proposition ; mais la pièce, avec le matériel dont il disposait, était facile à monter. Il accéda à un désir qu'il prit pour une fantaisie.

Bocage avait son idée, et ce n'était pas seulement un rôle joué par un illustre prédécesseur qui l'avait tenté. On sait que la pièce roule sur une conspiration des Portugais contre le roi d'Espagne. Il y a, au troisième acte, un monologue de Pinto, où il résume les chances de succès de l'insurrection : « Relisons ces notes... Signaux déployés, justice et bonheur du peuple... Là est le point d'union générale... Hem, hem !... le ministre... les avenues du palais... saisir les portes... A bas Philippe ! »

Bocage lança ce cri d'une façon telle qu'il était évident qu'il ne d'adressait pas au roi d'Espagne, mais à un autre Philippe. La salle vibra soudain. Des applaudissements chaleureux retentirent, dominant quelques protestations. C'était une petite bataille politique qui se livrait... L'acteur dut s'arrêter, riant sous cape, avant de pouvoir continuer sa tirade qui prenait dès lors un caractère incendiaire : « Qui êtes-vous ? Des fondés de pouvoir qui mangez notre bien !...

— Tiens, tiens ! dit Harel, je comprends maintenant, son insistance à me décider à cette reprise.. il y aura foule demain, ajouta-t-il.

Le lendemain, il y avait foule, en effet, mais elle se heurtait à une affiche qui annonçait un autre spectacle. La pièce avait été interdite par M. Thiers. Elle ne fut autorisée qu'avec une coupure.

— Il n'importe, fit Bocage, et le roi n'y gagnera pas en popularité.

La curiosité avait été fort excitée. On attendait impatiemment le troisième acte.

« A la place des mots retranchés et à côté, contait plus tard Bocage, je mis des gestes, et je glissai des allusions qui firent plus d'effet encore que les mots n'en avaient produit. »

Louis-Philippe eut encore devant lui quatorze ans de règne, toutefois.

Ces scrupules de dignité entraînaient parfois Bocage à des mouvements d'humeur même à l'égard du public. On a le souvenir d'une soirée où il lui demanda si quelques protestations s'adressaient à l'artiste ou à l'homme. Il lui arrivait aussi de prendre au tragique quelque incident insignifiant. Alphonse Royer a conté que, un soir, au milieu d'une scène pathétique que jouait Bocage, un chat, poursuivant un autre chat, traversa le théâtre, ce qui fit rire un instant les spectateurs, bientôt repris, d'ailleurs, par l'émotion. Bocage rentra dans la coulisse, désolé.

— Un chat, dit-il, passe encore. Mais deux chats, cela ne s'est jamais vu !

A la reprise de *Pinto*, dont il vient d'être parlé, un jeune comédien plein de fougue jouait à côté de Bocage, le personnage, qui n'a guère qu'une scène, de l'amiral Lopez Gzorio : ce jeune acteur, dont Alexandre Dumas a dit les débuts, avec plus de pittoresque que d'exactitude, c'était Mélingue qui devait, à l'heure où le créateur de *La Tour de Nesles* déclinait, lui succéder dans quelques-uns de ses rôles, avec une exubérance qui différait de la manière de celui qui les avait établis.

Avec *Le Brigand et le Philosophe* (22 février 1834), Bocage se jetait dans le drame accentuant la révolte contre la société. Ce drame avait pour auteur Félix

Pyat, avec lequel le comédien était lié. Félix Pyat qui n'était alors qu'un journaliste littéraire et un écrivain dramatique devait, l'année suivante, dans la *Revue de Paris*, consacrer une étude biographique au comédien, le suivant jusque dans son intérieur, louant non seulement son talent, mais la loyauté de son caractère et la régularité de sa vie. « Il est marié, rangé, sans dettes ; il a un domicile, comme son frère l'épicier, femme et enfants, comme un chrétien, et il les aime. J'ai vu souvent Buridan jouer, en robe de chambre, avec son petit garçon. » « Comme un chrétien » faisait sans doute allusion aux opinions philosophiques de Bocage.

Tout « régulier » qu'il fût dans le privé, il ne déplaisait pas à Bocage de donner sa note dans ces imprécations contre le train du monde (ce sera, pour ainsi dire, une de ses spécialités d'acteur), et Félix Pyat se déchaînait contre un état social qu'il attaquait dans un autre réquisitoire, la préface du drame, publié.

« Pourquoi la société, qui sait que l'homme naît avec des bons et des mauvais penchants, est-elle constituée de façon que ses lois amènent presque toujours le développement des mauvais penchants aux dépens des bons ? » Etrange pièce que celle-là, frénétique, où tous les personnages ne sont que des criminels. Le respecté président du tribunal d'un grand-duché, jouissant de la confiance du souverain, n'est autre qu'Oscar, le bandit, chargé de forfaits et, dans sa haute situation, s'étant enrichi à la Bourse, au moyen de fausses nouvelles, répandues par lui. Il est entouré de l'estime publique, bien qu'il continue à poignarder lui-même ou à supprimer ceux qui le gênent dans son ascension à tous les honneurs... Cependant, Félix Pyat, qui l'eût laissé volontiers triomphant, accordait au public cette concession de le faire punir par les révélations d'un complice, condamné à mort par lui, mais mal exécuté. Le philosophe, c'était le phrénologue Werner, ne valant guère mieux que lui, mais tirant son épingle du jeu. Werner se trouvait d'ailleurs être le père d'Oscar. De là le mot final d'Oscar, marchant à l'échafaud : « Ma tête sera belle à étudier, n'est-ce pas, mon père ? »

Presque tout le théâtre que joua Bocage est mort. C'est qu'il jouait un théâtre tout d'époque, dont il était l'interprète rêvé par les auteurs.

Pendant une interruption de son engagement à la Porte-Saint-Martin, il suivit Félix Pyat à l'Ambigu, où allait être donné un drame « historique », *Ango*. L'histoire y était arrangée fort librement pour exprimer des sentiments antimonarchiques. La scène capitale était celle où François Ier, qui venait de violer (on n'en était plus, au théâtre, à un viol près, depuis quelques années) la femme de l'armateur dieppois, Ango, était surpris par celui-ci. Le roi refusait le duel proposé par le mari outragé, s'évanouissait de peur, et Ango l'insultait à loisir, en raillant amèrement sa lâcheté. L'autorité trouva que l'auteur avait été un peu loin dans ce portrait, évidemment peu flatté, de François Ier.

Les auteurs dramatiques s'étaient fort émus depuis quelques jours d'un avis qui avait été adressé aux directeurs de théâtres par le directeur des Beaux-Arts, Cavé, rappelant le droit du gouvernement d'interdire les pièces dangereuses : « Vous avez, disait cet avis, la faculté d'éviter tout dommage en soumettant d'avance les manuscrits des ouvrages nouveaux à la division des Beaux-Arts. Les pièces qui n'auront pas été soumises seront interdites, purement et simplement, lorsque, par leur contenu, elles mériteront l'application du décret. Les auteurs avaient protesté contre cette exhumation d'un décret de 1806. Ils s'étaient même engagés à ne pas donner leurs pièces aux théâtres qui s'y soumettraient. Cependant, *Ango* avait eu du succès, et malgré la résistance de l'intransigeant Félix Pyat et de son collaborateur Auguste Luchet, le directeur de l'Ambigu se plia aux obligations nouvelles et se mit en règle avec l'administration, soumettant, bien qu'en retard, le manuscrit à ses corrections, pour éviter un menaçant veto. Il ne gagna pas beaucoup à avoir consenti à des atténuations, car l'autorité, qui avait été à demi conciliante, ne le fut plus du tout après l'attentat de Fieschi et exigea le retrait du drame.

CHAPITRE IX

LE LION EN CAGE

Avant son retour à la Porte-Saint-Martin, où l'attendaient d'autres créations, Bocage faisait des tournées, selon la coutume des artistes en renom. Une lettre de lui à Verteuil, secrétaire de la Comédie-Française, semble, sous sa bonne humeur, indiquer qu'il ne s'éloignait pas de Paris sans regrets. Dans son pittoresque, elle a des côtés d'époque instructifs :

... C'est si bon des lettres de la ville, quand on est retiré au désert, qu'on sait bien bon gré aux bonnes gens qui vous font lire un timbre : Paris, et qui vous disent de si bonnes choses. Ces nouvelles qui ne sont rien pour vous, heureux ! nous stupéfient, nous autres *campagnards* ; car, vieille pensée, mais toujours vraie, un mois à Paris vaut toute une vie en province. Croyez-vous que Louis-Poire (1) règne encore ? Le monument de Juillet sera probablement achevé, n'est-ce pas ? Le *Constitutionnel* sera ressuscité ? Ce scélérat de *Constitutionnel*, il est partout encore, il me fait beaucoup de tort, ce vieux, mais je le lui rends bien. Les Lorrains sont maintenant honteux d'y être abonnés. Je l'ai abîmé dans *Antony*, dans *Angèle*, dans

(1) Louis-Philippe, dont les caricaturistes s'acharnaient à représenter le visage sous la forme d'une poire.

L'Incendiaire; j'ajoute partout quelques jolies petites phrases : il n'y en avait pas assez dans *Antony*. Je finirai par en placer dans *La Tour de Nesles*.

Je ne fais que déjeuner, dîner ou souper en ville. Je n'ai pas le temps de lire un journal ; je ne sais rien. Que fait-on partout ? Il fait un temps superbe, qui me fait beaucoup de tort, et qui doit vous mettre à mal aussi. Avez-vous quelque nouveauté ?

Vous voulez savoir ce que je fais, car il est bien probable que les journaux ne s'occupent pas de répéter ceux de province, et ils font bien.

Philosophe, je ne me plains pas trop : c'est un vrai *juste-milieu* que ma position, et j'ai le juste-milieu en horreur. Ni bien ni mal. Cependant, plus de laurier que de jambon, et je crois que vous aimez mieux le jambon, et moi donc ! Je vois qu'il faut bien connaître la province pour l'exploiter : il y a de bonnes et de mauvaises époques dans chaque ville. A Nancy, tout le monde me conseillait... de ne pas jouer. La foire avait fermé la veille et elle avait épuisé toutes les bourses. Franconi et Tourniacin avaient fait leurs banques. J'ai vécu, pourtant, et j'ai un peu de *douille* pour le tabellion. Du reste, ma modestie, dont mon directeur de Paris fait tant d'éloge, m'empêche de vous dire une foule de choses que je ne fais même pas mettre dans le journal de M. Dargé.

M'écrirez-vous encore une petite fois ? Vous me ferez bien plaisir. Vous pouvez me dire les choses les plus secrètes, vous connaissez ma discrétion. Des cancans, vite, vite !

Je suis bien fâché de n'avoir le bras plus long ; je vous donnerais une bonne et amicale poignée de mains ; mais vous pouvez me rendre ce service : mettez votre main droite dans la gauche, serrez-les bien fort et dites-vous : il y a un vrai bon garçon, qui est de mes amis et qui ne m'oublie pas.

BOCAGE (1). »

(1) Communiquée par M. N. Charavay.

Et à la Porte-Saint-Martin, ce sont encore des pièces romantiques. Dans *Les Sept enfants de Lara*, où Félicien Mallefille a ajouté de l'horreur de son cru au thème dramatique offert par le *Romancero*, Bocage crée, une fois de plus, un rôle de bâtard, s'il s'agit d'un bâtard moyenâgeux (1er mars 1836). Puis c'est le *Don Juan de Marana*, ce « mystère » en prose et en vers où Alexandre Dumas a fondu dans le creuset de sa fougueuse imagination toutes les légendes, où la scène se transporte de la terre aux enfers et des enfers au ciel, où se heurtent spectres, anges, démons, pièce singulière qui semble résumer toutes les exagérations du temps (30 avril 1836).

Bocage reviendra aux jeunes hommes marqués au sceau de la fatalité dans *Le Riche et le Pauvre*, un drame d'Émile Souvestre. Souvestre venait de quitter le journalisme provincial pour se lancer, appuyé par Dumas, dans la mêlée. Son drame exhalait les rancœurs de l'intelligence, de l'honnêteté, du courage, contre la force de l'argent. Son héros, l'avocat sans causes Antoine Larry, était fécond en déclamations contre la société : « Où trouver des ressources, que faire ? Mes bras n'ont ni la force ni l'adresse qui assurent à l'ouvrier son pain de chaque jour. L'éducation n'a-t-elle pas fait de moi un de ces savants inutiles qui ne peuvent manier qu'une plume pour vivre ou une arme pour mourir?... Et ma plume ne peut me faire vivre... et je n'ai pas le droit de mourir. Oh ! ma tête se perd ! Voilà ce qu'est cette mauvaise plaisanterie de Dieu qu'on appelle la vie ! Faites le bien ; voilà où vous arriverez... Ah ! insensé, pourquoi ai-je compté sur la vertu, pourquoi n'ai-je pas choisi plutôt la route du vice ? » Ce sont, en effet, ses scrupules qui ont conduit Antoine Larry à la misère. Pendant qu'il lutte désespérément, un ancien camarade, riche celui-ci, lui prend sa fiancée, qui meurt de désespoir, trahie par cet amant qui n'a vu dans son aventure avec elle qu'une bonne fortune. Le malheureux Antoine se fera du moins un justicier en tuant le séducteur : « Ne vois-tu pas près de la morte un ange qui demande que tu meures ? Ta vie pour la sienne ! » C'est le ton de la pièce (1er février 1837).

Cependant, des signes indiquent que la pure foi romantique commence à décliner. Les romantiques de la dernière heure, les *bousingots*, sentent leurs ardeurs s'éteindre. Les excessifs se sont assagis, ayant conquis la notoriété pour eux-mêmes ou s'étant engagés dans d'autres voies. Ils ont fait, selon le mot d'Hugo, « pénitence de leurs enthousiasmes ». Ils ont coupé leurs cheveux et ne s'habillent plus d'une façon outrancière. A la première représentation de *Ruy Blas*, il n'est plus besoin de fanatiques tels que ceux d'*Hernani* : la victoire n'est-elle pas gagnée ? Les excentricités d'attitudes sont sur le point de se démoder. C'est la venue d'une autre génération, où l'on s'appellera Jean et non Jehan, Louis et non Aloysius. Les chaudes camaraderies de 1830 ont subi la dispersion. C'est déjà une autre atmosphère.

A la Porte-Saint-Martin, Harel a décidément joué trop de tours à Hugo et à Dumas. Ses grands auteurs portent leurs pièces ailleurs. La chance l'abandonne, du reste ; cet homme d'esprit expie de gros errements. Bocage passe au théâtre du Gymnase, ayant comme directeur, presque depuis son ouverture, un habile homme, Poirson, qui avait déployé sa diplomatie à éluder les termes stricts de son privilège, depuis que, par un coup de maître, l'ancien bonapartiste qu'il avait été avait réussi à obtenir la protection de la duchesse de Berry et à pouvoir appeler son théâtre le « Théâtre de Madame ». Scribe avait fait sa fortune. En vingt ans, Poirson avait successivement produit des comédiens qui avaient eu la grande faveur du public, Perlet, Gontier, Bernard-Léon, Numa, Bouffé, Léontine Fay, Jenny Vertpré, Eugénie Sauvage. Déjazet y avait paru. En 1830, changeant une fois de plus d'opinion, il s'était hâté d'effacer les lettres d'or de « Théâtre de Madame », et il avait continué une exploitation d'autant plus prospère qu'il avait des principes d'extrême économie ; c'est lui qui devait laisser partir Bouffé pour avoir refusé de lui accorder une augmentation de cinq francs sur ses feux.

Il n'est pas, cependant, de bonheur sans à-coups.

En 1838, le Gymnase traversait une crise : « Ce théâtre, disait Théophile Gautier dans un de ses feuilletons, est décidément l'endroit le plus désert de Paris ; l'herbe pousse dans les couloirs, les cryptogames ouvrent leurs parasols vénéneux dans l'humide solitude des loges, le lierre grimpe aux colonnes d'avant-scène, les hiboux et les griffons y habiteront bientôt comme dans les ruines de Babylone. »

Pour conjurer le sort, Poirson se décida, non sans qu'il lui en coutât, à un sacrifice : il engagea Bocage. En ce qui le concernait, l'idée était bonne : « Nous avons joui d'un spectacle bien rare au Gymnase, écrivait Gautier dans son feuilleton du 19 mars 1838, celui d'une salle pleine. C'est Bocage qui a fait cela. » Gautier s'inquiétait toutefois, pour le comédien, de son émigration au boulevard Bonne-Nouvelle : « Bocage, l'élégant et mélancolique acteur, l'Hamlet en frac, le rêveur ardent et sombre, qui semble avoir été fait exprès pour l'école moderne !... »

Bocage débuta au Gymnase dans *L'Interdiction*, une pièce dont le titre était prophétique ; car, un peu plus tard, le Gymnase allait être mis en interdit par la Société des auteurs dramatiques. C'était un drame en deux actes, d'Émile Souvestre, mais d'un Souvestre ayant mis de l'eau dans son vin, cette fois, et ne songeant plus à maudire la société. On y voyait même en M. de la Reynie le plus équitable des lieutenants de police, démêlant, avec l'aide d'un charitable notaire, que le comte de Beaurepaire n'était pas fou, bien qu'un certain marquis de Leyrac, ayant intérêt à ne pas rendre des comptes, affirmât qu'il le fût. A la vérité, le comte avait bien quelques petits accès ; mais il avait été quinze ans prisonnier à la Bastille et il venait de retrouver sa fille, qu'il croyait morte : ce qui expliquait quelques moments d'égarement.

Cette *Interdiction* était une assez pauvre chose. Mais Bocage, sous l'aspect d'un vieillard accablé par de longs malheurs, donna une grande allure au personnage du comte. Il apparaissait, dans sa première scène, ivre de soleil et d'air pur, après sa captivité au fond d'un cachot, et il mettait un accent poétique qui dépassait de beaucoup le texte, assurément, dans ce retour à la vie, dans cette contemplation émerveillée de la nature. L'image qui accompagne la brochure le représente pourvu d'une grande barbe blanche, le front dégarni sur le devant de la tête, vêtu d'un costume ancien, qui disait le long temps qui s'était écoulé depuis son emprisonnement. Tous les contemporains de Bocage parlent d'ailleurs des soins méticuleux qu'il apportait à tous les détails.

Il se trouvait là avec Ferville, qu'il avait connu à l'Odéon ; mais Ferville — le général du *Gamin de Paris* — était devenu un des piliers du Gymnase ; avec Klein, à la taille de tambour-major, le grand ami de Bouffé, pour lequel il avait un dévouement de caniche ; avec Monval, un acteur d'une utilité éprouvée ; avec Eugénie Sauvage, qui venait de la Gaîté et qui était l'ingénue attitrée du théâtre ; elle devait, plus tard, se rencontrer encore avec Bocage.

Quelque temps après, Bocage jouait avec Mme Dorval, que Poirson avait attirée aussi au Gymnase, un autre drame, fort médiocre, *Le Mexicain*, de Laurencin et Maillan. Il y représentait le frère farouche d'une sœur énamourée d'un jeune médecin qu'il croyait engagé dans d'autres liens. Aussi tenait-il absolument à faire épouser à celui-ci la personne qui, en fait, servait de paravent. Cet homme violent, auquel on avait dû cacher une mutuelle tendresse, finissait, avant de retourner sous le ciel des tropiques, par tuer le séduisant docteur.

Il était évident que Bocage, dans le cadre du Gymnase, n'avait pas les coudées franches. De son côté, Poirson, très parcimonieux, trouvait, une fois le mauvais cap passé, que son pensionnaire lui coûtait cher. Il songeait aux moyens de se débarrasser de lui. Il lui confiait des rôles dans lesquels l'acteur, fait pour exprimer amèrement la passion, pouvait se sentir « comme un lion en cage ». Il espérait le lasser, provoquer la rupture de son engagement. Ainsi, par un contresens calculé, l'obligea-t-il à jouer une comédie légère, *Précepteur à vingt ans*, d'Hippolyte Auger.

L'indépendant et souvent irascible Bocage rongeait son frein, toutefois, et bien qu'en maugréant, se pliait à ces exigences. Il avait été engagé dans des conditions avantageuses et tenait à arriver au terme de la période où il était lié au Gymnase.

On imagine le sourire sarcastique avec lequel, déjouant les pièges de Poirson, il lui disait :

— Monsieur Poirson, j'ai acheté une maison de campagne sur la foi de notre traité : vous payerez ma maison de campagne (1).

A peine libre, il courait retrouver le large drame — fût-il même du mélodrame — à l'Ambigu, dans *Christophe le Suédois*, où Bouchardy, qui avait déjà conquis la popularité au boulevard par *Gaspardo le Pêcheur* et *Le Sonneur de Saint-Paul*, avait accumulé, selon sa manière, d'inextricables péripéties.

Il rentrait, pour peu de temps, à la Porte-Saint-Martin pour y créer *Jeannic le Breton*, une pièce dramatique d'Eugène Bourgeois, où il jouait le rôle d'un vieux chouan, héroïque, mais illettré, devenu le gérant d'un journal dirigé par des coquins. Ce Jeannic, modèle de l'honneur, se trouvait responsable d'infamies. Il ne trouvait rien de mieux, pour se tirer de cette situation fâcheuse, que de pourfendre le vilain sire qui avait abusé de son ignorance. On louait toujours, dans Bocage,

(1) Mémoires d'Auger.

son art de prendre l'aspect du personnage qu'il représentait.

Mais le théâtre d'Harel sombrait. A ce moment, Léon Gozlan, estimant qu'il pourrait bien faire lui-même les pièces que d'autres tiraient de ses romans, avec une liberté qui les transformait en vaudevilles, avait écrit un conte dramatique, où il avait rêvé de s'approcher de la forme shakespearienne. *Il était une fois un roi et une reine.* Il l'avait porté au théâtre de la Renaissance. Il lui fallait Bocage, l'acteur le mieux désigné pour une composition à la fois ironique et poétique, et Bocage s'enthousiasma pour le rôle qui lui avait été proposé. Mais, au moment même où la représentation allait commencer, un incident imprévu se produisit. Le gouvernement d'alors, présidé par M. Guizot, était en grande coquetterie avec l'Angleterre. L'opposition lui reprochait d'ailleurs une série de concessions qui attestait plus qu'un désir d'entente, de la faiblesse. Le mot d'ordre officiel était : surtout, pas l'ombre d'un conflit avec la Grande-Bretagne ! Or, l'ambassadeur d'Angleterre, lord Granville, s'était ému d'allusions possibles à la reine Victoria et au prince Albert. Sur les simples inquiétudes de l'ambassadeur, M. Guizot interdit brusquement la pièce.

C'était le brutal anéantissement de longs efforts, un théâtre ruiné, une troupe mise sur le pavé. Léon Gozlan offrit de changer le lieu de la scène, qui se passait en

Angleterre et de faire des personnages anglais des suédois.

Assisté de Bocage, il entreprit énergiquement des démarches pour faire lever ce veto, tandis que la presse qui combattait le gouvernement les appuyait. Elles furent vaines. Gozlan a raconté les tribulations qu'il subit, en compagnie de son interprète, les énervantes attentes dans les antichambres de ministères, les audiences ajournées, les faux-fuyants des représentants du pouvoir ; il a dit l'attitude résolue de Bocage, défendant avec chaleur une cause qui était celle de tout le personnel du théâtre. Rien n'y fit. La peur d'un froncement de sourcils de lord Granville domina la raison et la justice.

Gozlan, vaincu dans cette lutte, mais non résigné, écrivit dans le *Corsaire* un article menaçant : « Je ne suis rien, disait-il, je le sais, mais le morceau de fer pendu au fond d'une cloche n'est rien non plus ; c'est un clou, mais vienne l'orage sur la campagne, le feu de tout l'horizon, l'armée dévastatrice, ce rien s'agite, s'émeut, ébranle l'air, et la ville apprend ce danger, s'y prépare, et ce rien éveille tout le monde. »

Cette affaire de la condamnation d'une pièce avant sa représentation, par un acte arbitraire, n'était pas pour réconcilier Bocage avec la royauté. C'est alors qu'il eût crié, avec plus de force encore que dans *Pinto* : « A bas Philippe ! »

CHAPITRE X

LUCRÈCE

Cependant, Bocage, bien qu'il n'en eût que des souvenirs assez amers, songeait de nouveau à la Comédie-Française. Après ses succès, il s'estimait en droit d'y prendre rang ; un désir de revanche le poussait à y revenir, à s'imposer dans cette grande maison qui ne s'était pas accommodée de sa popularité dans d'autres théâtres, d'y prendre une place qui l'y attacherait définitivement. Mettant encore une fois l'honneur avant l'intérêt, il demandait avec une apparente modestie, où on peut voir une coquetterie de sa fierté, un engagement d'essai :

2 juillet 1841.

Je désire rentrer au Théâtre-Français. Voulez-vous me faire l'honneur de m'admettre, pour la seconde fois, au nombre de vos pensionnaires ?

Vous savez qui je suis ; vous connaissez l'homme et l'artiste. Je vais donc vous dire très rapidement en quoi je puis être utile à la Société du Théâtre-Français.

Jeune encore, je puis, pendant quelques années, jouer l'emploi des jeunes premiers rôles. Je les sais tous, vous en avez l'expérience, messieurs ; en dehors du Théâtre-Français, il n'y a pas un seul comédien sachant l'ancien répertoire. Plus tard, je pourrai vous être utile dans l'emploi de premier rôle marqué ou père noble.

Je ne vous parle pas des pertes que vous allez faire. Je sais que vous pouvez serrer les rangs et vivre glorieusement ; mais ce que je sais aussi, c'est que la Comédie-Française a toujours fini par ouvrir ses portes à ceux qui travaillaient pour se rendre dignes d'elle. Je l'ai fait ; j'ai travaillé. Ai-je atteint le but ? Donnez-moi, messieurs, les moyens de vous en fournir les preuves.

Je suis libre d'engagement. Je viens vous demander un engagement d'une seule année. Je sais que le Théâtre-Français a des charges énormes. Je ne veux pas les augmenter inutilement. Vous réglerez vous-mêmes les conditions financières pour cette année d'essai : je m'en rapporte à votre justice.

J'ai quelques amis au milieu de vous, Messieurs, et n'ai, je crois, pas un seul ennemi personnel. Vous devez être, avant tout, directeurs du Théâtre-Français, responsables de son avenir, gardiens de sa gloire, de sa prospérité artistique et financière. Aussi, n'ai-je pas cru devoir faire près de chacun de vous des démarches préalables, chercher vos suffrages par des visites, et, que vous acceptiez ou refusiez ma proposition, votre décision sera du moins le résultat d'un vote libre. Plein de confiance dans la sagesse et l'honneur des hommes qui composent le comité c'est à vous seuls que j'ai voulu m'adresser. Décidez donc, messieurs : la seule chose que je réclame de vous, c'est une prompte solution.

Bocage,
36, rue de Lancry (1).

Cet autre passage de Bocage à la Comédie-Française se résumera par sa correspondance avec le Comité, car au point de vue de sa carrière, il compte peu. On lui

(1) Inédit. Archives de la Comédie-Française.

impose des conditions d'emploi contre lesquelles il se défend d'abord. Il devra jouer dans l'année *Le Philosophe sans le savoir, Le Père de Famille, L'Abbé de l'Epée Le Vieux Célibataire.* Ces désignations semblent faire bon marché des qualités particulières qui lui ont valu ses succès.

Si je ne réussissais pas, écrit Bocage, le traité que vous me proposez me classerait pour Paris dans l'emploi des pères nobles, Vous le savez, messieurs, ailleurs qu'au Théâtre-Français, ce me serait préjudiciable.

Des débats, à ce qu'on voit, précèdent cet engagement. De la part du Comité, il semble que persistent des préventions que Bocage, s'armant de patience, est résolu à vaincre.

Cette année théâtrale, cependant, ne lui causera que des déceptions. Il voit venir Dumas à la Comédie avec *Lorenzino* ; mais il n'y a rien pour lui, ce dont il peut se consoler, car *Lorenzino* est une chute. Il attend vainement une création. Ses interprétations du répertoire sont discutées. Il prend de l'humeur, on lui en témoigne. Il s'impatiente. C'est encore par une lettre de lui que s'évoqueront ces perpétuels conflits qui, de nouveau, se sont produits. Il faudrait posséder des éléments qu'on n'a plus pour porter un équitable jugement dans ces discussions. Les succès de Bocage, à la Porte-Saint-Martin et ailleurs, lui donnaient le droit, lui sem-

DE
LA TOUR
ANTONY
ET. CARJAT

blait-il, de parler haut, de soutenir ses idées, d'avoir des prétentions, de chercher à compenser les avantages matériels auxquels il avait renoncé par des affirmations de sa personnalité. Des froissements avec des hommes qui, eux aussi, avaient la conscience de leur talent et de leur autorité, étaient inévitables. Cependant, il faisait effort, quoi qu'il pût lui en coûter, étant persuadé qu'il avait raison, pour l'effacement de ces conflits :

Ai-je besoin de dire que si des questions d'art ou d'autres, plus dangereuses, quoique plus futiles, ont pu quelquefois nous diviser, m'éloigner du sanctuaire (et pardonnez-moi d'ajouter, plutôt par votre volonté que par la mienne), il n'est pas un seul d'entre vous, j'en ai la ferme croyance, qui ne m'honore de son estime.

Les périodes d'entente ne duraient pas longtemps. Bocage s'alarmait de l'avenir. Il se demandait s'il ne perdait pas son temps, si ses sacrifices d'argent n'étaient pas inutiles. Il brusquait les choses et demandait au Comité ses intentions :

Mon engagement finit le 1er mars 1843 ; il sera fidèlement exécuté ; mais on me propose pour cette époque un traité long et avantageux. Je n'ai pas changé ; j'ai toujours eu un seul et même désir : entrer au Théâtre-Français et y finir ma carrière d'artiste. Cependant, vous le savez, messieurs, à côté des nobles questions d'art, il y a le triste et misérable intérêt matériel ; et quand on a le bonheur de ne pas être seul au monde, on se voit, bien malgré soi, forcé de descendre à ces pauvres réalités. Je viens donc vous demander vos intentions pour l'année 1843, et si vous voulez me donner l'assurance que, à la fin de mon engagement, je serai admis au nombre des sociétaires.

...Si donc vous me croyez homme d'honneur et d'un talent assez éprouvé, vous pouvez, je dis plus, vous devez me recevoir. J'ai la conscience que vous ne vous en repentirez pas.

C'était une sorte d'injonction. Elle dut motiver une réponse assez rêche. Avant le 1er mars, la liberté était rendue à Bocage. Il entrait à l'Odéon dont Lireux avait pris récemment la direction.

Ce fut aussi une curieuse figure que celle de Lireux, qui venait d'assumer la tâche, difficile à cette époque, de rendre la vie à l'Odéon, le théâtre infortuné, le théâtre tant raillé, objet de plaisanteries légendaires. Combien avait-il usé de directeurs, venus avec la foi cependant, qui y avaient fait une grande dépense d'efforts et que la mauvaise fortune avait accablés !

Mais Auguste Lireux était jeune — il avait alors trente-deux ans — il était audacieux et il était doué d'une robuste bonne humeur, qui ne devait guère l'abandonner, même dans les moments les plus critiques. Il était venu de Rouen, où il rédigeait un petit journal, avec des ambitions qui ne se réalisèrent d'abord que par quelque bruit autour de son nom, à la suite de polémiques où s'attestait sa verve caustique. Il avait l'intelligence prompte et la décision rapide. Suppléant par ses dons d'assimilation à une culture qui avait été superficielle, il aimait les lettres. A l'Odéon, qu'il avait pris dans des conditions difficiles, sans subvention (elle ne lui fut accordée que trop tard), il voulut être un novateur et il secoua, en effet, la vieille maison. Il ne redoutait pas la bataille et il appela à lui les auteurs qui la provoquaient et les comédiens fougueux. En trois ans, il attesta une activité singulière. Il joua *Les Ressources de Quinola*, de Balzac et, à côté de Dumas, de Gozlan, de Félix Pyat, il accueillit Vacquerie, Paul Meurice, Théodore Barrière, Paul Foucher, Durantin. Il donne la première pièce d'Emile Augier. Il « découvre » Ponsard. En même temps, il ouvre des horizons sur le théâtre étranger et fait adapter à la scène française par des poètes, Shakespeare, Lope de Véga, Calderon. Personne ne se dépensa plus largement en efforts. Il connut dans sa direction, comme il devait en être dans sa vie, la bonne et la mauvaise fortunes; il eut des succès retentissants et de lourdes chutes. Aux heures pénibles où d'autres se fussent abandonnés au découragement, il se raillait lui-même. Le journaliste narquois reparaissait en lui. Un soir qu'il ne savait pas où donner de la tête, un ami — un de ceux qui sont de la catégorie des conseilleurs et non des payeurs — lui demanda :

— Mais enfin, qui vous a poussé à devenir directeur de l'Odéon ?

— Le désir de voir ce qu'il y a de plus comique dans les misères humaines, répondit Lireux.

Quoi qu'il tentât, il y avait des jours où la salle de l'Odéon était à peu près vide. Un de ces jours-là, on causait, devant lui, de la mésaventure de comédiens autrichiens qui, venus à Paris, jouaient, au théâtre Ventadour, devant des banquettes.

— Oui, fit Lireux, c'est l'Odéon de Vienne.

Une mystification à laquelle il s'était prêté en donnant comme une pièce authentique de Molière, miraculeusement découverte, un pastiche d'Ernest de Calonne, avait paru d'un goût assez fâcheux pour le directeur d'une scène littéraire ; mais Lireux, « cet Harel de la rive gauche » (moins Mascarille, toutefois), fit des mots mordants sur cette supercherie, comme si elle eût été d'un autre.

Malgré des périodes heureuses, il finit par la faillite. Il reprit la plume, dépensa son esprit dans le *Charivari*, puis fut appelé au feuilleton dramatique du *Constitutionnel* par le docteur Véron, qui avait trouvé ce moyen ingénieux pour détourner les flèches que lui décochait le journaliste. Le vénérable journal glaça d'ailleurs sa verve. Il ne le protégea pas non plus, bien que sa politique soutînt le prince Louis-Napoléon, au moment du coup d'Etat. En décembre 1851, Lireux, sur une basse dénonciation, fut arrêté et eût été fusillé s'il n'eût opportunément évoqué le nom de Rachel, qui, prévenue, arriva en hâte et fit surseoir à l'exécution.

Lireux fut exilé, mais pour peu de temps, et changeant

son fusil d'épaule, l'ancien directeur de l'Odéon se lança dans les affaires. Le fantaisiste d'autrefois avait fait place à un spéculateur, qui mourut en 1870 dans la plus large aisance.

Au temps de sa direction de l'Odéon, il s'était montré entreprenant et souvent avisé. Il avait engagé Mme Dorval et conviait Mlle Georges à donner des représentations. Bien des noms sont restés des artistes qu'il avait réunis : Louis Monrose, Bignon, Barré, Maubant, Saint-Léon, Raphaël Félix, Rebecca Félix, Mme Naptal-Arnault.

En rentrant à l'Odéon, Bocage y trouvait un comédien qui eut une carrière tourmentée, loué parfois jusqu'à l'excès et qui, pourtant, ne fut pas utilisé comme il semblait qu'il dût l'être : c'était Rouvière. Il avait une manière de génie : les modérés ont tendance à mieux aimer le simple talent. Il eut d'éclatants succès, sans profiter de leurs lendemains et, malgré les applaudissements, on lui laissa de longs loisirs. Champfleury a esquissé son portrait au cours d'une de ses nouvelles ; mais ce sont des pages perdues dans son œuvre. Il semble bien que Rouvière ait été un de ces acteurs à qui ne peuvent convenir que quelques rôles. Quand il en trouva, il fut prestigieux. Mais il était peu fait pour le train-train du théâtre, pour la besogne courante. Il passa, en jetant des éclairs, comme dans le *Médecin de son honneur, Hamlet, La Reine Margot* ; mais, le reste du temps, c'était la nuit; et, repoussé des grandes scènes, il allait héroïquement aux petites. Le sort le contraignit à une vie nomade : il connut des déceptions et des amertumes qui abrégèrent son existence, car cette âme frémissante était d'une extraordinaire sensibilité. Il devait mourir pauvre et abandonné.

Bocage trouvait aussi, à l'Odéon, Mlle Maxime, que Jules Janin, un jour qu'il était dépité contre la tragédienne, avait opposée à Rachel, dans un article enthousiaste; Mlle Maxime, dont les démêlés avec la Comédie-Française avaient fait récemment tant de bruit et qui avait intenté un procès à la Comédie et à Victor Hugo. Janin s'était réconcilié avec Rachel et lui avait tôt sacrifié la nouvelle idole qu'il avait voulu créer. Exemple significatif d'une carrière commencée d'une façon éclatante et s'évanouissant en peu de temps. Mlle Maxime, oubliée au théâtre, se jeta éperdûment dans le spiritisme, où elle avait été entraînée par un adepte fervent, Charles Fauvety, qu'elle épousa. Elle mourut en 1857. Son billet de faire part portait cette étrange mention : « Après s'être améliorée par une longue existence de travail et de devoir, elle est allée, avec toutes ses vertus et ses forces acquises, se recueillir et se préparer à une vie nouvelle. » Peut-être, en évoquant les esprits, avait-elle appelé celui de Rachel. Ces conversations avec une ombre avaient dû être orageuses.

Ce fut dans cette pièce de Léon Gozlan qui avait été

interdite au théâtre Ventadour et qui avait été remaniée, portant un titre nouveau, *La Main droite et la Main gauche*, que reparut Bocage à l'Odéon, à côté de Mme Dorval. Et Théophile Gautier disait qu'ils étaient tous les deux à leur vraie place : « Ce sont des acteurs essentiellement modernes, des talents fougueux, excentriques,inégaux, tantôt le pied dans la réalité la plus triviale, tantôt le front dans les nuages de la plus haute rêverie, pleins de cris et d'éclairs soudains, mêlant le sarcasme à la passion, faisant frémir avec un accent de comédie et lançant les mots les plus terribles absolument comme vous et moi nous les disons dans une situation pareille. » Et Gautier louait Bocage plus longuement qu'il ne l'avait encore fait, traçant de lui un portrait qui peut rester comme un beau titre d'honneur pour la mémoire du comédien : « Il fallait voir, disait-il, quelle aisance parfaite, quel aplomb consommé, quelle puissance dominatrice avait Bocage dans ce rôle fait pour lui, comme il commandait, comme il menait à son gré tout le drame, le précipitant, le ralentissant, s'en faisant obéir comme un écuyer habile d'un cheval bien dressé, mais qui ronge son frein, comme il allait à travers les situations la tête haute, le nez au vent, les mains dans les poches et en homme sûr de lui-même. »

Puis Bocage joua *Othello, Tartuffe, Don Juan,* rôles du répertoire que, cette fois, il pouvait interpréter selon ses conceptions. Mais le grand événement, ce fut la

Lucrèce, de Ponsard. On sait quel bruit se fit, avant son apparition, autour de cette pièce, où les impatients du joug romantique voulaient voir la résurrection et la revanche de la tragédie. Ponsard habitait encore sa ville natale de Vienne, en Dauphiné; il avait confié le manuscrit de *Lucrèce* à son ami intime Reynaud, un journaliste qui avait été jadis mêlé au saint-simonisme et qui était à la fois homme de lettres et homme d'affaires :

> Reynaud prit dans ses bras la naissante *Lucrèce*
> Et l'emportant ainsi qu'un amant sa maîtresse,
> Il la promena dans Paris.

Reynaud n'avait pas été le seul à la « promener ». Un professeur de déclamation, Achille Ricourt, s'enthousiasma aussi pour l'œuvre, et Bocage, voyant un beau rôle pour lui, s'était, de son côté, répandu partout en proclamant qu'on avait découvert un chef-d'œuvre. Les querelles littéraires n'étaient pas éteintes. Sans connaître *Lucrèce*, les classiques impénitents relevèrent la tête : ce nom, inconnu, la veille, d'un jeune poète, ils prétendirent l'opposer au grand nom d'Hugo.

Lireux se hâta d'adopter *Lucrèce*. En parlant de son auteur, il n'hésita pas à dire qu' « un nouveau Racine était né ». En fait, en donnant ce brevet de classique à

Ponsard, il préparait une de ces batailles sur lesquelles il comptait pour surexciter la curiosité du public et remplir sa salle.

Bien avant la représentation, cette curiosité était, en effet, des plus vives dans les deux camps. Méry, le spirituel Méry, qui se plaisait aux mystifications, ne manqua pas l'occasion d'en imaginer une. Il publia dans le *Globe* le premier acte d'une *Lucrèce* de sa façon, comme si le journal eût réussi à se procurer le manuscrit. Beaucoup de gens se prirent à cette espièglerie : les classiques se réjouirent, tandis que les romantiques haussaient les épaules. En réalité, François Ponsard avait été bien loin de prétendre ranimer les cendres classiques : il avait écrit selon son tempérament, et on peut trouver dans *Lucrèce*, d'ailleurs, bien des courants divers.

Il put se réjouir d'un succès, disputé lors de la première représentation, mais qui prit des proportions considérables. Ce ne fut pourtant pas sa faute si on le transforma en chef de « l'école du bon sens », les uns ironiquement, les autres de bonne foi. Jamais il n'avait pensé à une pareille formule, jamais il n'avait eu l'idée d'entreprendre une lutte contre Victor Hugo, à qui il témoigna toujours une extrême déférence. Malgré la légende, il n'y eut que de bonnes relations entre Hugo et Ponsard. En 1850, alors que la République était déjà près de sa fin, ce fut Hugo qui fit lever, à force de démarches, l'interdiction que le gouvernement, estimant inopportune l'évocation de la Révolution, faisait peser sur *Charlotte Corday*.

Dans *Lucrèce*, Bocage joua le rôle de Brutus avec autorité, si la critique insinua qu' « il le jouait trop en drame ». Les mauvaises langues, faisant allusion aux sentiments républicains qu'il professait, disaient que ce qui l'attachait particulièrement à ce rôle, c'était d'y être salué du titre de consul :

Salut, Brute, salut, premier consul romain !

Les anecdotes ne manquent pas d'ailleurs, dans les petits journaux d'alors. Elles sont, au surplus, selon toute probabilité, sorties de l'imagination d'un chroniqueur. Et, par exemple, c'est Bocage jouant *Notre-Dame des Abîmes*, de Léon Gozlan : il arrive à l'heure accoutumée au théâtre ; mais, ce soir-là, le spectacle a été augmenté d'*Horace*, par quoi il a commencé. Le comédien proteste, déclare que s'il n'entre pas en scène tout de suite, il s'en va. Le régisseur, connaissant le caractère tranchant de Bocage, s'inquiète. Il propose alors cette solution : après le premier acte d'*Horace*, ou donnera *Notre-Dame des Abîmes*, puis on reprendra la suite de la tragédie. Le trait n'est pas trop vraisemblable; mais n'a-t-on pas toujours travesti, par des plaisanteries s'attachant à exagérer leurs travers, le caractère des grandes personnalités du théâtre ?

Sous la direction de Lireux, Bocage fait une de ses plus belles créations dans Créon de l'*Antigone*, de Vacquerie et Meurice : « Implacable dans son rôle de roi, il a, dans son rôle de père, trouvé des élans et des sanglots sublimes ; » il reprend *Antony*, *Térésa*, *La Tour de Nesles*. Ses succès personnels se poursuivent, avec une autorité qui n'a cessé de s'accroître. Il est la colonne de l'Odéon. Quand, malgré une activité qui s'est attestée par de continuels efforts, Lireux succombe sous des charges trop lourdes, ayant leur origine dans sa prise de possession du théâtre, Bocage songe à lui succéder. Le 1er juin 1845, il est nommé directeur de l'Odéon. Il en fait la réouverture le 17 novembre.

CHAPITRE XI

BOCAGE, DIRECTEUR

« On ne dira pas de celui-là qu'il ne connaît pas le théâtre, écrit Théophile Gautier ; il a donné de son intelligence et de sa probité toutes les preuves désirables. Il croit si bien à la possibilité de l'Odéon qu'il y engage quatre-vingt mille francs de son avoir, de cet argent conquis avec labeur et gloire pendant une longue carrière de succès. »

Théophile Gautier avait toujours montré à Bocage une vive sympathie. Il aimait en lui l'acteur qui avait pris part aux batailles romantiques. Il accepta de composer un prologue pour la soirée de réouverture, dialogue entre l'Esprit chagrin qui reprenait toutes les vieilles plaisanteries dirigées contre l'Odéon, et le nouveau directeur. « L'on part, disait l'Esprit chagrin,

> L'on part pour l'Odéon, tout jeune, et dans Paris
> L'on retourne vieillard, avec des cheveux gris.
> Il vous faut un railway pour vous rendre probable. »

Mais le directeur, dont le rôle était tenu par Bocage

lui-même, répondait en affirmant sa foi et son ardeur, présentait sa troupe vaillante, avide de beaux combats et et il finissait par un lyrique appel au public :

Maintenant, ô vous tous, ô mes meilleurs amis
Chers inconnus, public, grande âme collective,
Cerveau toujours fumant où bout l'idée active,
Maître puissant par qui tout génie est formé,
Public, sublime auteur qu'on n'a jamais nommé,
Verse une part de toi dans les chefs-d'œuvre à naître !

Le rôle de l'Esprit chagrin finalement confondu était joué par un comédien, Derosette, réputé pour la conscience qu'il apportait dans ses compositions. La salle avait été restaurée. Il y avait, au foyer, une exposition de tableaux. Un grand soin avait été apporté aux décors et aux costumes. Le programme du spectacle était copieux, avec la résurrection du *Saint-Genest*, de Rotrou, et une comédie, *Un Bourgeois de Rome*, d'un débutant d'alors, qui s'appelait Octave Feuillet, — si copieux que la représentation finit à une heure tardive, indisposant des spectateurs qui avaient tout d'abord montré les meilleures dispositions. Bocage avait joué pathétiquement Saint-Genest. Le choix de cette tragédie délaissée depuis longtemps attestait son goût des curiosités dramatiques.

Dans la troupe se trouvaient, pour ne parler que de ceux auxquels s'attache encore un souvenir, Monjauze, comédien avant d'être chanteur, Clément-Just, un des fidèles du drame, Barré, Vannoy, Arnault. Mais Bocage, dès le premier soir, avait prouvé qu'il entendait se dépenser largement et, le 6 janvier 1846, il jouait le *Diogène*, de Félix Pyat. Acteur à tendances philosophiques, la pièce, œuvre de critique sociale, devait lui plaire.

Le prologue de *Diogène* ne laisse pas que d'être original. Diogène arrive à Athènes, pourvu seulement de six oboles, mais riche d'espérances. Quel métier choisira-t-il pour vivre ? Mais c'est par d'inquiétants exemples que toutes les professions lui apparaissent. Il a vu l'héroïque Cynégire mutilé et réduit à mendier : Sophocle vieilli, tourné en dérision; Phidias mis en prison sous l'accusation d'avoir détourné l'or qui devait être employé dans une statue; Socrate condamné à boire la ciguë : il ne sera ni soldat, ni poète, ni sculpteur, ni chef d'une école philosophique ; il ne sera pas même voleur, car deux larrons qui lui ont pris sa dernière obole sont arrêtés et maltraités par des gardes... Un chien, qui ronge un os, lappe l'eau de la fontaine et se couche dans un coin, lui inspire sa résolution. — Par Zeus ! dit-il, je serai chien !

Un caprice d'Aspasie, dans la pièce elle-même, ira chercher Diogène dans son tonneau. Le cynique dédaignera d'abord cette fantaisie d'une courtisane, lasse de tous les hommages. Cependant, la beauté d'Aspasie a raison de l'insensibilité de Diogène, en qui naît, malgré son mépris de l'humanité, l'ambition des honneurs.

L'amour va-t-il le transformer ? Il brigue les suffrages de ses concitoyens ; mais chacun met, à lui promettre le sien, tant de conditions égoïstes que, écœuré de ces marchandages, il retourne à son tonneau.

Dans ce rôle de Diogène, Bocage devait être âpre et incisif. On commençait, toutefois, à relever chez lui un débit trop saccadé.

Puis il voulut jouer une comédie, *Echec et Mat*, d'Octave Feuillet et de son neveu Paul Bocage. Dans cette comédie d'époque, dont l'action se déroulait en Espagne, sous Philippe IV, il tenait le personnage d'un chevaleresque gentilhomme, déjouant les pièges tendus contre une jeune femme. Combien de fois, à la Porte-Saint-Martin, n'avait-il pas été aussi le sauveur providentiel ?

Ce fut une autre comédie, mais en vers, de Méry, celle-ci, *L'Univers et la Maison*. Un spéculateur s'occupe de tout ce qui se déroule dans le monde ; il ne se rend pas compte de ce qui se passe chez lui.

Méry, et Bocage qui dessinait la figure de ce fiévreux lanceur d'affaires, avaient des souvenirs de jeunesse à évoquer : Bocage, en ce temps-là, engagé, en attendant qu'il conquît Paris, au Grand-Théâtre de Marseille, avait été l'unique abonné du *Caducée*, un petit journal que rédigeait Méry, dans sa ville natale. Un abonnement au *Caducée* était un fait si extraordinaire que le rédacteur de cet obscur journal avait voulu connaître l'homme qui avait eu l'idée étrange de cette souscription. L'écrivain et le comédien, presque du même âge, ayant la même foi en leurs succès futurs, s'étaient liés d'amitié.

Dans *L'Univers et la Maison* avait débuté un jeune acteur inconnu, qui devait bientôt donner de l'éclat à son nom de Delaunay. Bocage l'avait été chercher au théâtre Montmartre. *Les Souvenirs* de Delaunay sont assez malicieux à l'égard de Bocage, représenté sous l'aspect d'un directeur fort parcimonieux. Il ne fut pas le seul, d'ailleurs, qui le peignit sous ces couleurs.

Le directeur de l'Odéon l'avait donc fait appeler. — M'avez-vous vu dans la *Tour de Nesles* ? lui demanda-t-il à brûle-pourpoint. — Non, monsieur, et je le regrette. Puis brusquement : — Où habitez-vous ? — Rue Bourbon-Villeneuve. — C'est loin... Pourtant, vous pourriez jouer à l'Odéon. Je vous paierais vos omnibus. »

La proposition d'entrer à l'Odéon séduisait bien le débutant ; mais les appointements consistant en cachets d'omnibus lui paraissaient un peu trop modestes.

Quelques jours plus tard, le régisseur de l'Odéon, Moisson de Brécourt, venait trouver Delaunay, porteur, cette fois, d'un engagement pour une durée de trois ans, à quatre-vingts francs par mois la première année, deux cents la seconde, trois cents la troisième. Delaunay signa ; heureux de paraître sur une grande scène, il signa, les yeux fermés, la clause d'un dédit de douze mille francs au cas où il eût rompu son engagement.

A la vérité, Delaunay semble avoir gardé quelque rancune à Bocage qui, cependant, lui ouvrit la carrière. Dans le portrait qu'il a dessiné de son premier directeur, il s'est plu à jeter sur lui un certain ridicule. C'est que ce dédit retardait la réalisation d'autres ambitions, quand la Comédie-Française songea à l'appeler à elle. Il a montré Bocage « le chef toujours couronné du panache romantique », mais extrêmement soucieux d'économies.

Selon lui, à la fin de la première année, Bocage lui aurait proposé de signer un nouvel engagement, mais c'était pour en diminuer les conditions. Il y a d'ailleurs des échos à cette légende de grands ménagements dans les dépenses du théâtre, malgré l'augmentation de la subvention, portée à cent mille francs. Mais Bocage avait vu bien des directions de l'Odéon, et bien des naufrages. Le fatal Antony était devenu prudent.

Après quelques pièces qui n'ont pas laissé de traces, il put croire à la fortune d'une seconde *Lucrèce*, avec une tragédie de Ponsard, *Agnès de Méranie*, autour de laquelle on avait fait beaucoup de bruit (22 décembre 1846). L'événement ne répondit pas à son attente et lui causa une vive déception, qui influa sur sa santé, déjà ébranlée par les fatigues de sa double tâche de directeur et d'acteur. L'échec lui avait été aussi personnel, et sa susceptibilité, qui était à l'état aigu, en avait été blessée. Lui qui ne s'était jamais découragé, il ressentit de la lassitude. Il suspendit des projets qui avaient eu un commencement d'exécution. Le premier, il avait eu l'idée de mettre de l'Alfred de Musset à la scène. On répétait *Le Caprice*, qui avait paru en 1837 dans la *Revue des Deux Mondes*, avec Mlle Naptal. Les répétitions furent interrompues.

En février 1847, avec l'agrément du ministre, il transmettait son privilège à Augustin Vizentini. Il prenait quelque repos, puis allait donner des représentations en province.

CHAPITRE XII

LES ASPIRATIONS A LA VIE PUBLIQUE
RETOUR A LA COMÉDIE-FRANÇAISE
SECONDE DIRECTION

— A bas Philippe ! avait crié Bocage, jouant Pinto, en donnant à ce cri une signification qui dépassait celle du texte.

Le coup de fusil tiré le soir du 23 février 1848 au boulevard des Capucines avait soulevé Paris. Les barricades s'étaient élevées partout. Le lendemain, le roi, gagnant à travers les Tuileries la place de la Concorde, montait dans un vieux fiacre, la seule voiture qu'on eût trouvée pour assurer sa fuite.

On raconte qu'un ouvrier, témoin de cette fin de la monarchie de juillet, ouvrit à Louis-Philippe la portière du fiacre. Le roi, à cette heure qui annonçait pour lui l'exil, fut touché de cette prévenance venant d'un homme du peuple, tandis que d'autres envahissaient déjà son palais.

— Merci, mon ami, dit-il.

— Ne me remerciez pas, fit l'ouvrier, c'est pour être bien sûr que vous partez.

A onze heures du soir, à la lueur des torches, le gouvernement provisoire, siégeant à l'Hôtel-de-Ville, avait proclamé la République. Il n'y avait partout qu'enthousiasme et espoir. Toutes les idées généreuses étaient dans l'air. La conviction qu'on entrait vraiment dans une ère nouvelle inspirait le désintéressement, le désir de la concorde, des sentiments fraternels. Dans l'histoire d'un siècle, ce fut un de ses plus beaux moments si, de par l'infirmité humaine, il ne dura pas très longtemps. Les cœurs battaient pour un idéal. On sait le mot fameux : « Nous mettons trois mois de misère au service de la République. » Dès le 25, les délégations affluaient à l'Hôtel-de-Ville, venant protester de leur dévouement aux hommes qui instituaient l'état de choses attendu avec foi, et ceux-ci prenaient, sans tarder, des initiatives précédées de « considérants », dont la grandiloquence répondait à leur sincérité : « Convaincu que la grandeur d'âme est la suprême politique et que chaque révolution opérée par le peuple français doit au monde la consécration d'une vérité philosophique de plus, le gouvernement provisoire déclare... » Le *Moniteur* était rempli par des décrets qui attestaient l'ardente bonne volonté de promptes réformes. D'innombrables pétitions les proposaient. Pour remédier à la crise financière, les offrandes patriotiques arrivaient à la Commission présidée par Lamennais et Béranger : il est vrai qu'elles venaient surtout des petites bourses. L'Eglise se réconciliait avec le peuple ; elle bénissait les arbres de liberté plantés partout, même dans la cour de l'Opéra de la rue Le Peletier ; et aux côtés de Ledru-Rollin, le curé de Saint-Roch, après le chant de la *Marseillaise*, expliquait sa présence en disant : « C'est ici la maison de l'harmonie. Eh ! bien, Dieu est harmonie, il est le père de toutes les harmonies. »

La liberté de la presse faisait se multiplier les journaux ; celle du droit de réunion permettait l'ouverture de clubs où des solutions étaient proposées à toutes les questions avec plus de flamme, parfois, que de réflexion. Ce n'était pas encore l'heure, qui devait venir, des excentricités, des propositions utopiques, des violences provoquées, d'ailleurs, en plus d'une occasion, par des adversaires du régime. Chaque corporation avait des assemblées. Les comédiens avaient leur club dans la salle du Conservatoire. Partout, la grande préoccupation était celle des élections d'avril ; toutes les associations entendaient présenter un candidat.

Bocage pouvait dire qu'il avait été républicain avant la République. La Révolution lui rendait son ardeur démocratique. Il songea à briguer les suffrages pour un siège à la Constituante. Assurément, les conditions dans lesquelles il posait sa candidature risquent de faire sourire aujourd'hui ; mais on est en quelque sorte touché par l'honnêteté et la bonne foi qu'il apportait dans ses aspirations à la vie publique. Il était bien alors l'homme de 48.

A la vérité, au club du Conservatoire, il n'avait pas été le candidat désigné : on lui reprochait de n'avoir pas attesté, à l'Odéon, cet altruisme qu'il affichait « et de n'avoir pas suffisamment mis en pratique le principe de la juste rémunération du travail ». Les voix s'étaient portées sur Samson qui, ayant décliné cet honneur de représenter le théâtre à la Chambre, avait été remplacé par Michelot, alors sexagénaire, sociétaire retiré de la Comédie-Française, où il avait été mêlé au mouvement romantique (*Henri III* et *Don Carlos*).

C'était donc une autre investiture qu'avait cherchée Bocage : celle de Lamartine. Sur les murs de Paris s'étalèrent, parmi tant d'autres, des affiches qui contenaient la lettre qu'il avait écrite à Lamartine, la réponse de celui-ci et la déclaration du candidat :

Le citoyen Bocage,
artiste dramatique,
au citoyen Lamartine,
membre du Gouvernement provisoire

Cher et illustre citoyen,

Mon nom est réellement porté sur les listes électorales. Des clubs, des assemblées préparatoires, me demandent, selon l'usage, une profession de foi. Vous savez que je suis prêt à donner ma vie pour la République. Cela ne suffit pas pour entrer à l'Assemblée nationale. J'ai beaucoup vu, beaucoup lu, mais je n'ai pas assez approfondi les grandes questions qui vont être agitées. Vous le savez aussi : jusqu'à dix-huit ans, j'ai été ouvrier tisserand à Rouen, ma ville natale. A cet âge seulement, je suis sorti des ateliers, et, pour ma nouvelle profession, pour l'art si difficile du théâtre, j'ai, selon mes forces, étudié le cœur humain. Ce livre-là prenait tout mon temps.

Vous me connaissez peut-être mieux que je ne me connais moi-même. Croyez-vous que mon énergie, mon simple bon sens, une probité bien éprouvée, une volonté ferme d'appliquer maintenant toutes mes facultés, toutes mes heures, à l'étude de la science sociale et politique, puissent être utiles, au sein de la Constituante, à cette République que j'ai tant désirée ? Votre décision sera ma règle. Si vous dites oui, fort de votre approbation, j'accepterai celle du pays. Sinon, je continuerai à servir la République dans le silence de mon obscurité.

12 avril. Respect et dévouement,

BOCAGE.

On ne verrait guère de nos jours, un candidat avouer qu'il n'a pas eu le temps d'approfondir les grandes questions politiques. On n'aurait plus cette belle candeur !

Suivait la lettre de Lamartine :

Réponse du citoyen Lamartine.

Sans ombre d'hésitation, mon cher Bocage, je vous réponds : oui. Il faut accepter. La France a besoin de tous les cœurs, la République de toutes les intelligences, le peuple, de tous les dévouements et de tous les patriotismes. A tant de titres, je souhaite que le pays vous envoie, et vous trouverez un ami pour vous accueillir.

12 avril. LAMARTINE.

C'était alors cette déclaration, qui est aussi bien du ton de l'époque :

Aux citoyens électeurs du département de la Seine.

J'accepte la candidature que vous m'avez offerte, et j'ose vous demander vos suffrages. Je répondrai à toutes les interpellations que vous me ferez l'honneur de m'adresser ; je vous dirai ma vie privée et publique. Je vous donnerai toutes les preuves (vous devez toujours les exiger) et vous jugerez si le passé peut répondre de l'avenir.

Salut et fraternité,

BOCAGE.

49 bis, rue Madame.

En même temps, Bocage posait sa candidature dans la Seine-Inférieure.

A Paris, trois autres comédiens s'étaient présentés ; mais le théâtre ne fut pas favorisé aux élections. On n'a même pas le nombre de voix données à ces candidats, ne venant pas en bonne posture après les élus.

Le *Courrier des Spectacles* du 3 mai daubait assez rudement les ambitions déçues :

Le scrutin s'est posé en réformateur de beaucoup de folles idées... ce que nous avons fait pressentir est arrivé... L'intérêt historique plus que l'exactitude des chroniques veut que l'on consacre par la typographie les noms des personnes qui ont ambitionné le titre de membre de l'Assemblée nationale de 1848, en se fondant sur ce qu'elles avaient exercé la profession de comédien. On en a compté quatre à Paris, savoir : le citoyen Michelot, sociétaire retiré du Théâtre-Français ; le citoyen

Bocage, que tous les théâtres ont vu dans leur troupe ; le citoyen Bignon, brave et digne homme, mari de Mme Albert, et le citoyen Tisserant, le gros papa qui remplit encore l'emploi des amoureux au Gymnase. D'après les résultats que l'on connaît, ils auront maintenant bien de la peine à se rencontrer sans rire...

Ce qui pouvait adoucir chez Bocage l'amertume de son insuccès politique, c'est qu'Alexandre Dumas n'avait pas été plus heureux que lui. L'auteur d'*Antony* et Antony étaient particulièrement restés sur le carreau.

En 1848, les théâtres traversaient une crise qu'aggravèrent les journées de juin, après lesquelles Paris était transformé en bivouac. L'Assemblée nationale vota un secours de six cent quatre-vingt mille francs, qui devait leur être distribué. On voit Bocage prendre une part active aux réunions professionnelles qui déterminèrent ce vote et être accueilli par les commissions parlementaires. S'il n'a pu avoii accès à la tribune, il fait là des discours abondants, où il mêle les souvenirs de près de trente ans de théâtre, exprimant d'ailleurs son avis en homme d'expérience.

Mais il tourne de nouveau les yeux vers la Comédie-Française, devenu le Théâtre de la République. L'auteur dramatique Cailhava considérait la Comédie comme une maîtresse qui lui avait été rigoureuse, mais toujours aimée ; il en était de même pour Bocage. Cette fois, il avait un ami de vieille date dans la place, Lockroy, alors commissaire du gouvernement. Il y rentre en novembre pour y créer *La Vieillesse de Richelieu*, d'Octave Feuillet et Paul Bocage, qui travaillent encore ensemble. Cette pièce est une comédie avec des parties dramatiques, qui est toute de fantaisie, montrant le brillant duc de Richelieu, séduisant encore malgré l'âge, ce qui ne l'empêche pas, toutefois, d'être berné. Les contemporains de Richelieu étaient moins indulgents pour la vieille poupée fardée qu'ils voyaient en lui, une vieille poupée qui gardait de la méchanceté.

A la Comédie, Bocage, qui avait été tenté par ce rôle d'un duc de Richelieu de légende, retrouvait Delaunay, son pensionnaire pendant sa direction de l'Odéon. Les autres interprètes étaient Leroux, Provost, Régnier, Mmes Mélingue, Brohan, Rébecca, Thénard ; Delaunay jouait le rôle d'un fils naturel de Richelieu, inconnu du maréchal qui, à un momnt donné, engageait avec lui un combat à l'épée. Bocage se plaisait, pendant les répétitions, à traiter encore Delaunay en élève. Dans la scène du duel, il le raillait sur sa façon de tenir l'épée.

— Vous n'arriverez pas à me toucher, jeune homme... on ne me touche pas, moi... Si vous m'aviez vu dans Buridan !

Delaunay, qui avait toujours sur le cœur les propositions de diminution d'appointements de son ancien directeur, exaspéré par ses moqueries, alla trouver un professeur d'escrime. Il prit de lui une leçon grâce à laquelle, à une autre répétition, il fondit sur Bocage et le piqua à la main. Bocage n'invoqua plus le souvenir de Buridan.

Il était plus à son aise dans la mélancolie amère, dans l'ironie, dans la passion, que dans l'insouciance légère qu'impliquait le rôle : il le sentit, à la première représentation, en accentuant, fût-ce par un contraste un peu brusque, la partie dramatique, où il retrouvait ses qualités propres. Il avait été engagé pour un an pour l'emploi des premiers rôles marqués et des pères nobles, aux appointements de six mille francs. Ce n'étaient pour lui que des conditions d'attente : il songeait toujours au sociétariat.

Cependant une fois de plus, son séjour à la Comédie-Française devait être bref. L'engagement était rompu d'un commun accord le 3 avril 1849.

L'Odéon, depuis que Bocage en avait abandonné la direction, avait traversé des phases difficiles. Il avait été vraiment le théâtre « qui n'était jamais plus fermé que quand il était ouvert ». Le successeur de Bocage, Vizentini, après avoir vainement lutté contre la mauvaise fortune, avait pris la fuite. Les comédiens, dans cette situation critique, avaient exploité en société le théâtre, durement éprouvé par les événements politiques. Ils avaient montré du courage, faisant flèche de tout bois, cherchant, mais vainement, tous les moyens d'attirer la curiosité. En juillet 1848, on leur avait donné un administrateur dans la personne d'Alexandre Mauzin, commissaire du gouvernement. Mauzin avait lui-même appartenu à la troupe de l'Odéon ; il avait été un des pensionnaires de Bocage ; il avait notamment tenu des rôles importants dans *Echec et Mat, L'Univers et la Maison, L'Alcade de Zalaméa, Diogène.* Mais son titre de gloire, c'était d'avoir été, à la Renaissance, le Don Salluste de *Ruy-Blas.*

Mauzin apportait de la bonne volonté et l'expérience théâtrale ; mais il n'avait pas été armé d'une autorité suffisante. Les tiraillements avec les comédiens étaient incessants. Si précaire que fût leur association, ils étaient d'ailleurs chez eux. Le ministre reconnut la nécessité d'avoir affaire à un directeur responsable. Bocage, auquel ne manquaient pas les appuis politiques, encore utiles à ce moment, se présenta. Une légende s'était formée sur le système économique de sa direction ; mais il n'avait pas, chose rare, causé de soucis à l'administration. Il fut agréé et, pour la seconde fois, présida aux destinées du théâtre, ne pouvant, d'ailleurs, faire vraiment acte d'initiative personnelle qu'à la réouverture de septembre.

Avait-il renoncé, en reprenant possession de son poste, à ses habitudes de parcimonie, sujet de plaisanteries familières aux petits journaux ? Il avait fait quelques beaux engagements d'artistes, et d'autres qui étaient d'un homme de théâtre avisé, car on sait la carrière que devaient faire entre autres, dans des genres différents, Thiron et Deshayes. Il avait souhaité appeler à lui Frédérick Lemaître, et il lui avait écrit ce billet : « Cher ami, je voudrais avoir un trône à vous offrir : je n'ai que la scène du Second Théâtre-Français. Venez, vous y serez roi. » Mais cette royauté n'avait pas tenté Frédérick. Il avait répondu plus que sèchement. Le temps n'avait pas effacé ses ressentiments, et il ne pardonnait pas à son ancien camarade de lui avoir pris, jadis, quelques-uns des rôles qu'il eût voulu créer. En fait, Bocage aurait pu avoir contre lui les mêmes griefs.

On ne se souvient guère ni du *Trembleur*, ni d'*Evelyne*, ni du *Manoir de Grandale*, ni du *Martyre de Vivia* ; mais, en cette seconde direction, Bocage eut à son acquis *François le Champi* et *Le Chariot d'enfant*. La pièce de George Sand fut un succès à tous les points de vue ; la pièce de Gérard de Nerval et Méry fut un succès littéraire. Bocage devait se retrouver trois fois encore avec George Sand et, dans la dernière circonstance, en des conditions émouvantes. Son privilège ne lui laissait plus la faculté de jouer, ce qui était arbitraire, car le nom de Bocage était, sur une affiche, un élément d'attraction pour le public ; mais il monta la pièce avec des soins dont George Sand le remercia dans la dédicace qu'elle lui fit de son œuvre. Entre l'auteur et le directeur, il y avait communauté d'aspirations démocratiques exprimées ardemment par George Sand qui, par sa collaboration au *Bulletin de la République*, venait de jouer un rôle politique en attestant sa ferveur réformatrice.

Dans *François le Champi* s'affirmait une jeune actrice qui, six ans auparavant, avait passé à l'Odéon, jouant Tullie, de *Lucrèce* : Marie Laurent. *Le Chariot d'enfant* apportait une contribution à l'histoire du théâtre. Bocage avait favorisé ces adaptations étrangères. Cette fois, il s'agissait d'une des plus vieilles pièces du monde, puisque l'œuvre du roi hindou Soudraka remontait à nombre d'années avant notre ère. « Elle a une vingtaine de siècles d'existence, disait Théophile Gautier : c'est ce qui lui donne son air de jeunesse. »

Cependant, les beaux espoirs de 48 étaient loin déjà ! A la présidence de la République, le prince Louis-Napoléon avait succédé au général Cavaignac et, quelques serments qu'il eût faits de respecter et de maintenir la Constitution, il posait chaque jour des jalons vers le pouvoir personnel. Les libertés conquises en février étaient supprimées peu à peu. Les hommes qui les avaient proclamées faisaient figure d'accusés ou de suspects. L'exil avait même commencé pour quelques-uns d'entre eux. Pour justifier les mesures de répression et leur arbitraire, on agitait le « spectre rouge ». La réaction ne se dissimulait plus. Les opposants étaient qualifiés de factieux, menaçant la cause de la famille, de la propriété et de la civilisation. C'était le moment de la proclamation fameuse : « Il est temps que les bons se rassurent et que les méchants tremblent. » Partout fonctionnaient les tribunaux d'exception, qui transformaient les manifestations en insurrections.

N'entrons pas dans le domaine de l'histoire. Mais, au théâtre même, ce mouvement de réaction s'attestait par des pièces satiriques contre les institutions républicaines : *La Propriété, c'est le vol*, interprétation burlesque de l'axiome de Proudhon, *La Hausse des Ecus*, *Les Caméléons* et, surtout, *La Foire aux Idées*, pamphlet dramatique, journal-vaudeville qui renouvelait ses scènes, où de Leuwen et Brunswick attaquaient la République avec des plaisanteries virulentes, auxquelles s'ajoutaient celles d'un rideau descendant pendant les entr'actes, remplaçant la toile et affectant la forme d'un journal.

Bocage sentit se rallumer en lui des ardeurs combatives. Dès les premiers jours de sa prise de possession du théâtre, il avait pris une attitude déterminée en refusant les modifications demandées encore officieusement, par le préfet de police au drame de Gustave Vaez, *Le Bourgeois des Métiers*, où le public saisissait des allusions (1). Il reprit le *Diogène*, de Félix Pyat, alors exilé. Le 10 février 1850, il représentait une fantaisie, *Une Nuit blanche*, mettant en scène Soulouque, qui venait de se proclamer empereur à Haïti, et il n'était pas difficile de deviner quel autre gouvernant était visé sous les traits de ce

(1) Porel et Monval, *Histoire de l'Odéon*, t. II.

nègre, faiseur de coups d'Etat. Les rapports de Bocage avec l'administration devinrent de plus en plus tendus. Il souffrait malaisément ou plutôt il ne souffrait pas du tout les observations de Mauzin, son ancien camarade, redevenu commissaire du gouvernement. Le 4 mai 1850, il donnait, malgré le refus d'autorisation du ministre Baroche, une représentation dont la gratuité était dissimulée sous une recette dérisoire, pour l'anniversaire de la proclamation de la République par l'Assemblée nationale. Il était frappé d'une amende de deux mille francs. Il riposta par une lettre des plus vives. Mandé au ministère, il refusait de s'y présenter. Le 27 juillet, il était révoqué.

Le premier prétexte pour cette révocation était le reproche qui lui était fait d'avoir établi des billets, dits de famille, donnant accès au théâtre à un prix bien inférieur à celui du bureau. Mais un autre paragraphe de l'arrêté de révocation donnait la vraie raison du retrait du privilège (1).

Mais si, pendant cette seconde direction, Bocage avait jeté quelques défis au pouvoir, ce qui était affaire d'opinion, il s'était livré à des fantaisies assez singulières en

(1) « ...Considérant qu'il résulte de l'ensemble des faits et du choix des pièces, de l'impulsion donnée à tous les employés sous ses ordres, la preuve que le sieur Bocage a, durant sa gestion, constamment obéi à un esprit d'hostilité déclarée et employé dans un but politique les moyens d'action qu'il devait à sa position de directeur d'une exploitation théâtrale autorisée par l'administration et subventionnée par l'État... »

Pardon, mais vous confondez je crois
les traités des auteurs avec ceux des acteurs

Vous m'avez donné votre parole pour
un traité définitif [illegible] ~~comme~~ vous avez donné
~~la~~ [illegible] et j'ai tout fait pour
remplir mes obligations envers vous, j'[illegible]
donné la preuve à votre disposition [illegible]
crois fermement que vous ferez ce que j'aurais
fait, lors même que vous auriez [illegible]
~~[illegible]~~ mieux que de n'être engagé [illegible] pour
[illegible] nul doute qu'il a été convenu entre MM. Lacressonnière [illegible]
Daiglemont et Bocage, qu'ils n'avaient
pas besoin d'échanger leurs ~~entre eux~~ ~~la~~ signatures
et je suis convaincu que pas un d'eux
ne manquera à la parole donnée

Bonjour amical

Bocage

87, [illegible]

[illegible] était [illegible] front, c'est le [illegible]

Autographe de [illegible]CAGE
Lettre [illegible] DE LA R[illegible]UNAT, Directeur de l'Odéon [illegible]
([illegible] GINISTY)

représentant des pièces d'un caractère très peu odéonien, des ballets et des opéras bouffes. Ainsi les annales de l'Odéon enregistrent-elles le nom d'Hervé ; le futur auteur de *L'Œil crevé* avait donné une opérette en un acte, *Les Gardes Françaises* (1). En fait, les goûts de Bocage, l'homme du drame, ne devaient guère le pousser vers ces folies. Mais il avait exprimé l'idée qu'un théâtre devait être ouvert à tous les genres.

Sa liberté lui étant rendue, il allait reparaître comme acteur. George Sand lui avait confié le manuscrit de *Claudie*. « Le Théâtre-Français et tous les autres théâtres m'ont fait des offres, écrivait-elle à Charles Poncy, avec promesses de primes payées d'avance. Tout cela est bien joli. Mais j'ai tout refusé pour attendre que Bocage, qui est destitué arbitrairement, persécuté injustement, et que la réaction voudrait ruiner, ait acquis la direction d'un autre théâtre (non subventionné) ou qu'il remonte sur les planches comme artiste, et qu'il puisse, avec mes pièces, dicter pour lui des conditions honorables et avantageuses. »

Bocage avait porté *Claudie* à la Porte-Saint-Martin où, après avoir accueilli la pièce avec empressement, on changea d'avis. Des délais furent demandés pour sa représentation. Bocage pensa à intenter un procès au théâtre. George Sand, dans une lettre à son fils, repoussa

(1) 16 décembre 1849.

énergiquement cette idée d'une action judiciaire « Je ne veux pas être fourrée dans un procès ; cela me donnerait, à mon début dans la carrière dramatique, une apparence de chicanière qui m'est désagréable. Dis à Bocage que je n'en veux absolument pas. »

Les choses s'arrangèrent, cependant. George Sand n'avait pas assisté à la première représentation ; mais elle entendit les applaudissements de la seconde. « *Claudie*, écrivait-elle, a réussi au delà de toutes prévisions : succès de larmes, succès d'argent. Tous les jours salle comble, pas un billet donné, pas même une place pour Maurice. La pièce est admirablement jouée. Bocage est magnifique ; le public pleure, on se mouche comme au sermon (1). »

Bocage, dans le père Rémy, patriarche rustique, avait mis un profond accent poétique dans le « couplet » célèbre de la gerbe : « Gerbe, gerbe de blé, si tu pouvais parler, si tu pouvais dire combien il a fallu de gouttes de notre sueur pour t'arroser !... » Claudie, c'était Lia Félix, et Sylvain, Fechter qui, l'année suivante, allait être l'Armand Duval, de la *Dame aux Camélias*.

La carrière de *Claudie* ne fut pas cependant celle qu'on eût pu attendre. « Le succès de *Claudie* a été coupé au beau milieu. Des intrigues de théâtre, que je ne sais pas, des directeurs endettés, forcés d'obéir à je ne sais quelle

(1) Lettre à Mme A. de Bertholdi, à Lunéville, 24 janvier 1851.

volonté (le ministère, dit-on, sous jeu) m'ont suscité de tels empêchements qu'à la quarantième représentation, j'ai dû retirer ma pièce, pour qu'elle ne fût pas tuée par le mauvais vouloir. Elle avait fait pourtant gagner beaucoup d'argent à ce théâtre ruiné et, la veille encore, la salle était pleine... Bocage a fait de son mieux mais n'a pu lutter contre le diable (1). »

Le 16 mai de la même année, Bocage, qui avait la fierté d'avoir incité George Sand à faire du théâtre, jouait encore une pièce d'elle à la Gaîté, cette fois, *Molière*. C'était Molière, mari malheureux, jaloux de son élève Baron, mais, à ce qu'on eût dit, déjà républicain : « Les grands ne sont grands que parce que nous les portons sur nos épaules ; nous n'avons qu'à les secouer pour en joncher la terre. » Bocage avait reproduit avec une singulière fidélité l'image qu'en a faite Houdon. On a dit quel soin il apportait aux côtés plastiques de ses rôles.

« Le public a applaudi la pièce, a dit George Sand, mais on ne l'a jouée que douze fois. Bocage dit que le directeur n'a pas voulu la faire *prendre*. Bocage ne s'accorde pas avec les théâtres où il n'est pas le maître. On y est très voleur, c'est vrai ; mais Bocage est un peu terrible avec eux, et je crois qu'il faudra que j'attende qu'il ait son théâtre à lui... (2) »

Bocage, le républicain Bocage, eut-il quelque désil-

(1) Lettre à Ch. Poncy, à Toulon, 6 mars 1851.
(2) Lettre à Mme A. de Bertholdi, 5 juin 1851.

lusion quand il vit George Sand se refroidir singulièrement pour la République qu'elle avait tant aimée, se détacher des derniers combattants pour la liberté, s'accommoder du 2 décembre, écrire au futur président, empereur du lendemain, qu'elle le regardait « comme un génie socialiste » ?

Lui-même, s'il ne renonçait pas aux idées qui lui avaient toujours été chères, il devait les garder désormais au fond du cœur. Le temps viendrait où il se résignerait même à chercher quelque appui auprès d'anciens amis appartenant à l'administration impériale. Au moment où il allait jouer *Claudie*, une aventure, qui ne regardait que l'homme privé, avait fait quelque bruit. Il avait pu se plaindre justement de la trahison d'une parente. Celle-ci, dans l'excès de sa dévotion, s'était affligée que la fille de Bocage n'eût pas reçu d'instruction religieuse. Circonvenant l'enfant, qui avait une douzaine d'années, elle n'avait pas hésité à l'enlever, pour la mettre entre des mains pieuses. Elle ne l'avait rendue, inquiète tout de même des suites de cette séquestration, qu'après plusieurs jours. De ce véritable attentat il garda de profondes rancœurs (1).

(1) « Mon enfant, ma chère petite fille n'avait pas quitté sa mère pendant dix minutes de sa vie. Elle était élevée dans sa maison, sous nos yeux, par une institutrice que je connais depuis son enfance. Nous vivons dans un triste temps. J'ai rudement souffert. » (Lettre à M. Boitel ; collection de M. Henry Lyonnet).

CHAPITRE XIII

LE DÉCLIN. DERNIER RAYON

Après d'éclatants succès, les années difficiles qui seront ensuite des années pénibles, vont commencer. Le théâtre a évolué. La censure interdit plusieurs des pièces où Bocage fit ses grandes créations, y compris *La Tour de Nesles*, dangereuse « au point de vue de la morale publique, du respect des têtes couronnées et de l'impression que de tels tableaux doivent laisser dans l'esprit des masses (1) ». Puis d'autres acteurs sont venus, plus près du public, maintenant, que ce vétéran. Une fois de plus, Bocage se tourne vers la Comédie-Française. Il estime qu'elle lui doit de l'accueillir, que sa place est sur cette scène illustre. Sa demande n'est pas agréée. Il traduit son amertume en cette longue lettre, datée d'août 1853 :

Voilà quelles ont été mes relations avec la Comédie-Française.
La première fois que j'ai débuté au Théâtre-Français, le Comité m'a trouvé trop jeune, sans intelligence, sans disposi-

(1) Rapports de la Commission d'examen.

tions, et il m'a promptement fermé la porte au nez en me disant comme à un intrus qui se fourvoie : N'y revenez plus !

J'y suis revenu.

La seconde fois, engagé pour une année comme pensionnaire par votre directeur, j'ai trouvé tant d'obstacles de la part des sociétaires — jusqu'à me voir retirer des rôles qui m'étaient distribués par les auteurs — que j'ai été forcé de poser la question du sociétariat après seulement six mois d'épreuve. Ce n'est pas assez : attendez, m'avez-vous sagement répondu. Par malheur, je n'ai pas la patience qui fait les grands hommes et les grands sociétaires, et j'ai quitté la partie.

La troisième fois, c'était, je crois, en 1844, la question du sociétariat à mon sujet fut de nouveau posée par M. Buloz ; nouveau refus du Comité, auquel je répondis à mon tour en refusant d'entrer comme pensionnaire malgré les peines que s'était données M. Buloz pour m'en obtenir la faveur.

En 1848, enfin, M. Lockroy, qui avait vaincu vos craintes, en me promettant son aide ultérieure, M. Lockroy, sur l'intelligence et la loyauté duquel je comptais, et qui ne m'avait pas plus demandé ma signature que je ne lui avais demandé la sienne, fut révoqué. Vous eûtes enfin M. Seveste que la Comédie attendait et désirait depuis vingt ans, et M. Seveste ne voulut point me laisser débuter dans *Tartuffe*, *Le Misanthrope* et même *Lucrèce* que j'avais jouée à l'Odéon, parce que, me dit-il, *Tartuffe* est la propriété de M. Geffroy et *Lucrèce* celle de M. Beauvallet. *Le Philosophe sans le savoir* me fut également interdit comme devant, à telle époque, devenir la chose d'un autre sociétaire ; mais, en compensation, le directeur voulut bien m'offrir un tout petit rôle dans la charmante comédie des *Trois Quartiers*. Bien que doué d'une certaine vanité d'artiste, je fus trop ombrageux, je le confesse, j'eus peur d'être étouffé, parmi ces misères administratives, sous le poids de ces petits rôles pour lesquels je ne me sentais pas de capacité ; et, cependant, je consentis à jouer ce qu'on voulait bien me laisser, mais en vous disant : Recevez-moi sociétaire. — Non, trois fois non, fut votre réponse inhumaine. Voyant alors qu'il m'était défendu de prétendre jamais au titre de sociétaire, j'ai renoncé à rester chez vous.

Il n'est donc pas exact de dire que j'ai quitté le Théâtre-Français pour me faire directeur de l'Odéon. Je suis sorti de chez vous, parce que témérairement, sans doute, il me semblait avoir assez fait de preuves pour prétendre à une position stable et qu'il ne vous a point convenu de me l'accorder. Loin de là, puisque vous m'enleviez même les moyens de me montrer au public dans ce que je pouvais avoir de bon. C'est deux ou trois mois seulement après que M. Léon Faucher, que je n'avais pas l'honneur de connaître, m'envoya chercher pour cette exploitation.

Je ne terminerai pas sans vous demander l'explication du dernier paragraphe de la lettre de votre secrétaire : « Aujourd'hui, la Comédie-Française ne croit pas devoir accueillir une proposition qui lui paraît d'autant plus inacceptable qu'elle est plus tardive. »

Pardon, mais je ne comprends pas très bien. Cela veut-il signifier que je m'y prends trop tard pour demander mon admission dans la Société ? Hélas ! c'est pour la quatrième fois, mes chers amis.

Ou bien, plutôt, serait-ce une façon polie, diplomatique, de me dire que je suis trop vieux aujourd'hui pour remonter sur le théâtre ? Votre secrétaire, mon ami Verteuil, est coupable de la forme et je l'en remercie ; mais vous, Messieurs, devriez-vous me condamner si bien à mort ? car, vous l'avez lu, si vous avez le loisir de lire, vous l'avez entendu dire, au moins : le silence du comédien, c'est sa mort.

Vous savez bien aussi que le talent de l'artiste dramatique est lent à acquérir et qu'il grandit avec les années, puisque vous en êtes la preuve éclatante.

Pourquoi donc, vous, mes camarades, aussi vieux et plus vieux que moi, peut-être ; vous, Samson, toi, Provost, qui fus mon professeur au Conservatoire et mon partenaire à l'Odéon et à la Porte-Saint-Martin, vous, Régnier, qui me disiez pendant les répétitions de *Richelieu* que vous seriez heureux de me compter parmi les sociétaires, vous qui avez bien voulu en 1848 vous charger d'exposer ma demande au Comité et de me rapporter chez moi la réponse négative ; toi, Beauvallet ; vous Geffroy, mes braves rivaux, incapables de fausse envie, de noire jalousie, pourquoi vous tous, enfin, hommes loyaux quand il ne s'agit pas de vos petites passions, ne pas m'avoir dit ceci par exemple : Joanny, Duparai, Perrier et tant d'autres sont entrés au Théâtre-Français plus vieux que tu n'es aujourd'hui ; ils avaient, comme toi, rendu des services à l'art dramatique sur d'autres scènes ; nous pouvons faire pour toi ce que nous avons fait pour eux.

Voilà, Messieurs, ce que j'attendais de vous en réponse à ma demande concise, en effet, mais claire, fraternelle et loyale. Pardonnez-moi d'avoir pensé que je ne me présentais pas chez vous tout à fait en inconnu, pardonnez-moi d'avoir pensé qu'il suffisait de vous dire simplement : « J'ai l'intention de rentrer au Théâtre-Français comme artiste ; je suis libre de tout engagement. Vous conviendrait-il de traiter avec moi ? Voulez-vous me recevoir au milieu de vous comme un vieil ami ? »

Je me suis trompé ; au revoir, Messieurs, je vous serre cordialement la main.

Bocage.

20, rue Plumet-Oudinot (1).

Ce n'était plus qu'une vaine protestation. On imagine Bocage composant cette lettre lentement, exposant ses griefs en pesant ses mots, et trouvant à les exposer un apaisement à son orgueil blessé. Il voyait défiler devant lui tous ses rôles. De quels applaudissements il y avait été salué! Qui avait été, plus que lui, vaillant et dévoué

(1) Inédit. Archives de la Comédie-Française,

à son art? De quel grand auteur dramatique n'avait-il pas été l'interprète, imposant les audaces du drame renouvelé? Il ne s'était pas plié facilement à une discipline ; sans doute, il tenait à ses idées ; mais, sans ce caractère indépendant, eût-il eu ce passé qui reparaissait devant ses yeux ?

Une fois encore, en août 1861, Bocage, ayant connu bien des épreuves, devait s'adresser à la Comédie-Française. Il ne demandait plus qu'un engagement d'un an « sans distinction d'emploi, pour jouer tous les rôles qui lui seraient distribués » ; il avait soixante-deux ans, et il allait au-devant d'une sèche réponse négative. Mais revenons en arrière.

Après 1853, c'est, pour Bocage, une vie de comédien errant. Il fait des tournées en province avec quelques haltes à Paris. Alexandre Dumas, revenu de Bruxelles, avait fondé un journal, *Le Mousquetaire*, où, entre parenthèses, dans un article vibrant, il avait demandé un tombeau pour Marie Dorval, morte presque dans le dénuement, en 1849. Il avait auprès de lui, comme secrétaire, Paul Bocage, le neveu du comédien, dont celui-ci avait encouragé les débuts d'auteur dramatique, dans sa collaboration avec Octave Feuillet. Paul Bocage était dévoué corps et âme à Dumas, qui ne laissait que d'abuser de son zèle. Bocage trouvait même que son neveu s'usait vainement en des travaux que signait le grand homme, et en le raillant un peu de cette abdication de sa personnalité, lui avait conté un jour une petite fable orientale : « Un chameau, chargé de trésors, cheminait sur la route de Bagdad. Près de lui s'avançait une fourmi, ne portant qu'un peu de vermisseau. Mais sa gaîté contrastait avec l'air triste du chameau, qui lui demanda : « Pourquoi donc es-tu si joyeuse ? — C'est, répondit la fourmi, que je ne travaille que pour moi ! (1). »

Fut-ce, pourtant, Paul Bocage qui fit penser Alexandre Dumas au créateur d'*Antony* quand, revenant au théâtre, Dumas donna au Vaudeville *Le Marbrier* (2) ? C'était un drame émouvant si on acceptait l'invraisemblable de la situation : pour éviter une immense douleur à son mari, revenant après une longue absence, sa femme, à son retour, lui présentait une étrangère au lieu de sa fille, qui venait de mourir. La vérité n'était dévoilée au père, M. de Gervais, que lorsqu'il surprenait sa prétendue fille presque dans les bras de son fils. Quel désaccord Dumas avait-il, à cette époque, avec la critique, qui ne parla pas de sa pièce ? Bocage, qui jouait le rôle de M. de Gervais, se trouva donc victime de ce silence.

Entre deux tournées, il revenait, en 1855, à la Porte-Saint-Martin, alors sous la direction de Marc Fournier, pour y paraître dans une pièce de large conception, de Paul Meurice, *Paris*. Il arriva à cette pièce une aventure bien singulière : un tableau y fut ajouté par ordre de

(1) Philibert Audebrand. *Alexandre Dumas à la Maison d'Or*, chap. xiv.
(2) 21 mai 1854.

l'administration impériale. Ce drame était, en une succession de tableaux, une évocation de l'histoire de Paris. C'était l'humble bourgade de Lutèce, puis la domination romaine, puis le Paris du Moyen âge, le départ pour la Croisade, l'entrée de Charles VII, le Paris de Louis XIV, celui du XVIIe siècle, le triomphe de Voltaire, les enrôlements volontaires de 92, Mme Roland et Charlotte Corday à la Conciergerie, les scènes de la Révolution.

La censure supprima le triomphe de Voltaire, les enrôlements volontaires et la Conciergerie (1). Mais elle exigea qu'un tableau final fût consacré à l'apothéose de Napoléon. Paul Meurice se refusa à cette addition ; mais Marc Fournier, qui avait fait de grands frais pour la pièce et qui, au reste, tenait à demeurer en bons termes avec l'autorité, passa outre au refus de l'auteur et prit sur lui de composer un tableau qui représentait la distribution des aigles, au Champ de Mars, par Napoléon. Dans *Paris*, Bocage jouait trois rôles, ceux de Merlin, d'Abélard et de Molière, un Molière plus sommaire que celui de la pièce de George Sand qu'il avait créée.

Puis il reprenait, à l'Ambigu, quelques rôles de son répertoire. Il entrait en pourparlers avec La Rounat, directeur de l'Odéon, où il avait été question de représentation de *Lucrèce*. Il devait jouer une pièce de Paul Meurice, *Le Maître d'Ecole*, qu'il s'était chargé d'obtenir

(1) *La Censure sous Napoléon III*, p. 90 et suiv.

pour le théâtre. Ces pourparlers furent suivis de longs débats. Bocage se prétendit engagé : La Rounat soutint qu'il n'y avait eu que projet, et que les circonstances empêchaient, d'ailleurs, la reprise de *Lucrèce*, par suite du départ de Mlle Thuillier.

Nous avons sous les yeux les brouillons, très raturés, des lettres de Bocage à La Rounat, et les lettres de La Rounat, annotées par lui. Il assurait qu'il s'agissait bien d'un engagement :

> Parole a été donnée de part et d'autre pour un traité définitif, après conditions bien débattues et formulées...
>
> Aujourd'hui, vous me dites que Mlle Thuillier ne pouvant jouer, tout est rompu entre nous. Pardon, mais vous confondez, je crois, les traités des auteurs avec ceux des acteurs. Vous m'avez donné votre parole, sans condition de celle de cette actrice jouant le rôle de Lucrèce. J'ai attendu ; j'ai tout refusé pour remplir mes obligations envers vous. Nul doute qu'il n'ait été dit entre MM. La Rounat, Daiglemont et Bocage qu'ils n'avaient pas besoin d'échanger leurs signatures, et je suis convaincu que pas un d'eux ne manquera à sa parole.
>
> Bonjour amical,
>
> BOCAGE.
>
> 8, rue Pernelle.

A quoi La Rounat répondait « qu'il était un directeur trop sérieux pour que les conventions ne fussent pas faites par écrit », et qu'une plus longue correspondance n'aboutirait à rien. Une intervention de Maxime du Camp et Laurent Pichat n'eut pas de résultats. Il y eut de l'aigreur dans ces discussions : « Je n'ai pu dire toutes les sottises que vous me prêtez, écrivait La Rounat dans une dernière lettre (1). » Ce fut la brouille.

Bocage faisait une apparition au Cirque-Olympique, dans *L'Escadre bleue.* Il avait un cours de déclamation. Entre temps, séduit par les trop brillantes perspectives que lui ouvrait l'imagination d'un spéculateur mêlé au monde des lettres, il s'associait au projet de la fondation d'un établissement hydrothérapique à Issy, et ce devait être pour lui une cause de lourds déboires. Mais il sentait l'oubli peser sur lui. Son nom survivait, rappelait de grands souvenirs. Cependant on ne venait pas le chercher. Il pouvait dire, comme jadis Garat : « Les ingrats ! »

C'est alors que lui vint une idée singulière, et qui devait lui être funeste. Tout républicain qu'il fût, il avait gardé de bonnes relations avec Camille Doucet dont, en des temps lointains, il avait été l'interprète dans un monologue dramatique, *Micaël.* Camille Doucet était alors tout-puissant dans l'administration des théâtres. Sur la prière de Bocage, il lui fit obtenir le privilège du théâtre Saint-Marcel.

Ce théâtre Saint-Marcel, perdu dans le quartier de la Glacière, rue Pascal, avait été fondé par deux comédiens, Perrin et Charlet, et avait fait son ouverture dans

(1) Collection P. Ginisty.

les derniers jours de 1838. Il avait été construit sur les dessins d'Allard, architecte des Variétés, et de Lussy, « architecte de la cour d'Espagne ».

La collaboration de ces deux spécialistes n'avait pas eu de très bons résultats. De ce théâtre, depuis longtemps démoli, on ne peut que retrouver les traces. Une page de Théodore de Banville, assistant à une de ses représentations, en hiver, parle de son aspect sinistre : « Une sombre Sibérie, une salle vide et glacée (1). » A l'extérieur il était assez bizarre : « Quoi de plus disparate que ce soubassement décoré de croisillons grecs et que supportent des colonnes mauresques. Si, encore, on avait produit quelque chose d'agréable à l'œil, mais non : l'or fait au contraire le plus étrange accouplement qu'il soit possible d'imaginer avec des tons bleus, rouges et verts. Heureusement, le public de cette salle n'est pas sévère (2). »

C'était ce théâtre, qui avait fait déjà bien des expériences fâcheuses, que Bocage prétendait ressusciter, avec sa foi persistante d'artiste. L'entreprise ne pouvait être que désastreuse malgré toute l'activité déployée par le directeur-acteur. Il acheva de s'y ruiner (3).

(1) Théodore de Banville. *Les pauvres Saltimbanques*, p. 129 et suiv.

(2) Kaufmann. *Architectonographie des théâtres de Paris*, 1840.

(3) Il eût été curieux de donner la liste des pièces jouées au théâtre St-Marcel pendant cette direction de Bocage, mais les registres de la société des auteurs qui eussent pu donner des précisions ont été perdus Il y a trace d'une tragédie crée par Bocage : *Le Barde gaulois*. Une tragédie à Saint-Marcel !

Où sont les beaux temps du théâtre romantique? Bocage se débat dans des difficultés matérielles. Ces épreuves, l'amertume de la fin d'une carrière qui eut ses heures si brillantes, l'ont vieilli au delà de son âge. Un dessin de Carjat, qui n'est une caricature que par la disproportion voulue de la tête et du corps, le représente alors, dans sa maigreur, qui s'est accentuée. Le visage s'est émacié, le front, large, couronné d'une crinière blanche, s'est ridé. Les joues creuses rendent le nez plus saillant. La bouche disparaît entre de grosses moustaches et une longue barbiche. Qui reconnaîtrait le beau et fatal Bocage d'*Antony* d'après la lithographie de Benjamin ?

Il est veuf depuis cinq ans. Le corps, chez lui, est usé, malade. L'artiste qui eut la foi plus qu'aucun autre trouve la destinée injuste à son égard. Il est triste, il a la sensation « d'être seul de son bord ». A de jeunes comédiens, il parle « du bagne du théâtre ». Des renommées qui ont grandi l'étonnent, lui — ce dont on l'a parfois raillé — qui s'est, dans son art, considéré comme investi d'un sacerdoce. Ses grands rôles ont été repris par d'autres. L'échec de sa dernière démarche auprès de la Comédie-Française l'a encore assombri. Cependant, il ne veut pas renoncer à de l'activité, et il retrouve de la flamme, soit pour prendre part à des représentations hasardeuses, où il jette des éclairs, soit pour faire des lectures à cette Salle des Conférences de la rue de la

Paix, où l'autorité impériale, bientôt, devait s'inquiéter même de débats purement littéraires. Shakespeare lui était suspect. A l'une des dernières séances, avant la fermeture de cette salle, par ordre, Bocage lut des scènes d'*Hamlet*, faisant descendre, a dit Louis Ulbach, qui l'écoutait avec émotion, « ce nuage de deuil dont le grand Will a voilé toutes les affections humaines ». Sans les artifices du théâtre, et comme dans une chaire de professeur, il fut pathétique.

Le vieux comédien, qui avait connu tant de soirées glorieuses, cherchait désespérément, pour ainsi dire, à rappeler que, si on voyait en lui le fantôme d'une époque, il respirait et palpitait encore. En 1861, la Porte-Saint-Martin avait repris la *Tour de Nesles*, enfin autorisée par la censure, avec Mélingue. Le Buridan de 1832 fut pris du désir de montrer comment il avait compris et joué le personnage. Faute d'une autre scène, il organisa une représentation au théâtre de Belleville. Il avait demandé à Suzanne Lagier de paraître à ses côtés dans Marguerite de Bourgogne. Suzanne Lagier avait joué d'abord la comédie aux Variétés. Au retour d'un engagement en Russie, elle s'était consacrée au drame. Elle avait surtout repris quelques-uns des grands rôles du répertoire du boulevard ; puis elle était entrée au Gymnase pour revenir de nouveau au drame. Un peu plus tard, par un brusque changement de carrière, elle devait se transformer en chanteuse populaire, rivale de Thérésa. En 1861, elle était encore tout au drame, et elle était encore belle. De cette représentation qui fut impressionnante parce qu'on y vit un vieil acteur galvaniser son corps pour atteindre à l'intensité d'émotion qu'il voulait rendre, il reste un témoignage, celui de Jules Claretie qui, déjà curieux de tout, nourri d'ailleurs de souvenirs romantiques, s'était rendu, ce soir-là, au théâtre de Belleville.

La salle était fumeuse, les décors étaient misérables ou ridicules, évoquant fort peu le Paris du Moyen âge ; le public était un public de quartier, auquel s'étaient mêlés quelques fervents du théâtre s'intéressant à cette sorte de résurrection d'un homme qui représentait une autre génération ; les acteurs étaient quelconques et les figurants assez grotesques ; par leur tenue empruntée et par leur costume, ils prêtaient à rire. Mais tout se taisait quand paraissait Bocage. « Son maigre visage s'animait d'une vie extraordinaire ; ses yeux profonds, allumés d'une flamme sacrée, flambaient dans cette figure émaciée et douloureuse. Ils étaient terribles, ces yeux, magnétiques, foudroyants. » Point de panache ; peu de gestes, mais de la pensée, de la douleur ; il brûlait d'un feu intérieur. Il parlait presque bas, jusqu'au moment des effets tragiques. « Il semblait redresser sa haute taille jusqu'à atteindre les frises... c'était le dompteur, c'était le conquérant, c'était le maître. » Dans la dernière scène, rien ne peut rendre la puissance tragique de cet homme qui ne disait pas un mot, cadavre contemplant un cadavre, personnification de la douleur humaine... »

Ce soir-là, Bocage, fût-ce dans un quartier lointain, connut encore de chaudes ovations. Dix fois rappelé, recevant des fleurs — et, de la part des spectateurs populaires, des oranges — il accueillait, blême, presque chancelant, ces applaudissements qui étaient comme un suprême écho des triomphales soirées de jadis ; mais le lendemain, après cette fière manifestation, après cette leçon d'un ancien, magistralement donnée, il retombait dans le silence et dans la solitude.

Le sort lui réservait, cependant, une revanche des dures années par lesquelles il avait, en quelque sorte, expié sa popularité d'un autre temps. Ce disparu devait retrouver les acclamations du grand public, se révéler à ceux qui ne connaissaient plus que son nom.

Paul Meurice allait donner à l'Ambigu, un drame tiré des *Beaux Messieurs de Bois-Doré*, de George Sand. Il y avait là le rôle du marquis Sylvain, d'abord vieille poupée fardée, se transformant soudain pour se montrer sous l'aspect d'un majestueux ancêtre. Ce rôle, Bocage l'ambitionna. Il se vit sous les traits du romanesque gentilhomme, ayant été le compagnon d'Henri IV, se délectant de l'*Astrée*, d'Honoré d'Urfé, brave et loyal, mais gardant la faiblesse de coquetteries désuètes, laissant volontiers croire à des aventures galantes, jusqu'au moment où, devenant un justicier, il reprenait toute sa dignité de chef de famille. A l'imaginer, ce rôle, Bocage avait eu le frémissement d'un vieux soldat sentant l'odeur de la poudre.

Ce dut être une démarche émouvante que celle qu'il fit auprès de George Sand, venue pour quelques jours à Paris. C'était une manière de spectre qui se présentait devant elle, rappelant les souvenirs de *François le Champi*, de *Claudie* et de *Molière*. Il y avait de l'angoisse sur son visage ravagé, cependant qu'il lui adressait presque humblement une prière, lui qu'elle avait vu tranchant, impérieux, autoritaire, alors même qu'il attestait pour elle son dévouement de directeur et d'acteur. Il redressait sa haute taille pour dissimuler sa fatigue et ses souffrances physiques. Sans doute ne dit-il pas sa pauvreté, mais laissa-t-il deviner sa détresse morale, assurant qu'il trouverait des forces si la joie lui était donnée de faire encore une grande création. George Sand eut confiance, et cette confiance fut partagée par Paul Meurice qui, lui aussi, pouvait se rappeler le magnifique Créon d'*Antigone*. Non seulement George Sand et Paul Meurice acceptèrent Bocage, mais ils l'imposèrent à l'Ambigu, faisant de son engagement une question essentielle. L'événement justifia leur choix. Dans ce drame romanesque, héroïque et charmant (1),

(1) Repris à la Porte-Saint-Martin en avril 1887, avec Dumaine, Marais, Pierre Berton, Volny, Bouyer, Rosny, Léon Noël, Mmes Segond-Weber et Lemercier.

on s'accorda à dire que Bocage avait dessiné avec une singulière autorité la figure du marquis. Son entrée au troisième acte, quand le septuagénaire a renoncé à ses parures, à ses ajustements dérisoires, à son pourpoint rose, à sa perruque noire et, montrant maintenant ses cheveux blancs, s'appuie sur l'épaule de son neveu Mario, auquel il a restitué solennellement ses titres, « fut un éblouissement ». Il fut superbe aussi, au cinquième acte, en forçant l'aventurier d'Alvimar à avouer son crime. La critique, qui n'était plus habituée à prononcer le nom de Bocage, eut de l'enthousiasme à son égard. Pour le louer, Théophile Gautier reprit toute sa ferveur romantique. « L'expérience, j'oserai dire la science psychologique, écrivait dans le *Temps* Louis Ulbach, se laissait voir dans toutes les nuances de ce jeu subtil, qui ne perd pourtant rien de l'ampleur, de l'inspiration nécessaires. » Tous furent émus du grand air de ce revenant. « Pour représenter le ridicule et terrible seigneur de Bois-Doré, disait Jules Janin, on a rappelé Bocage, un des héros du drame antique, aux jours palpitants de la *Tour de Nesles* et d'*Antony*, Bocage, un des conquérants de l'art moderne, le comédien favori d'Alexandre Dumas dans ses plus grandes soirées. *Bocage a bien travaillé ; il a bien mérité de finir comme il convient à l'artiste intrépide et convaincu.* »

Il finissait, en effet ; mais, par grâce d'état, il finissait en beauté. Pendant les représentations des *Beaux*

Messieurs de Bois-Doré, sachant, lui, à quel prix il produisait l'illusion de la force retrouvée, il s'enfermait chez lui, dans la journée, ne voyait personne, ne prononçait pas une parole, de peur de manquer de voix, le soir, à l'heure de la bataille. Mais cette dernière campagne devant le public, le public qui, longtemps, lui avait manqué, l'avait transfiguré. Si débile qu'il fût, il se reprenait à espérer, à former des projets. En ces trois derniers mois de sa vie, par ce contact avec la foule, par ce retour de justice, il avait été aussi heureux qu'il pouvait l'être encore.

Deux noms, à côté du sien, doivent être rappelés dans cette pièce où il avait, en ramassant en lui toute son ardeur, attesté ce qui lui restait de puissance dramatique : ceux de Jane Essler, qui jouait le rôle travesti de Marion, et d'Adèle Page, si belle, dit-on, dans le costume Louis XIII et sous le feutre gris de Lauriane. Jane Essler : « un oiseau, une flamme, un feu follet », le caprice, l'originalité en personne. Barbey d'Aurevilly disait qu'elle était assez jolie pour se passer de talent et qu'elle avait assez de talent pour se passer d'être jolie. Figures effacées, fantômes légers du passé.

A peine les applaudissements des *Beaux Messieurs de Bois-Doré* avaient-ils cessé de retentir, que Bocage, depuis longtemps miné, s'éteignait ; mais c'était comme dans un beau rêve qui s'était réalisé. Il avait pu encore exercer sa domination sur la scène. L'effort avait été héroïque, mais ce glorieux dénouement de l'existence de luttes du combattant romantique valait bien le sacrifice de quelques jours de plus.

Ses obsèques eurent lieu le 1er septembre, à midi (1) ; le convoi se dirigea du boulevard Beaumarchais vers le cimetière Montparnasse, et le cortège était formé de presque tous ceux qui vivaient de la vie dramatique. La mort avait rendu à Bocage toute sa popularité. Au cimetière, Lockroy et Noël Parfait parlèrent sur sa tombe. Ils dirent ce qu'avait été l'artiste et l'homme ; ils rappelèrent en lui le serviteur ardent de l'art ; ils parlèrent de la fermeté de son caractère, et ils firent allusion à ses convictions, insistant volontiers sur ce point, en ce temps de lourd silence politique, où la plume était si peu libre. Aussi les journaux ne reproduisirent-ils que l'inoffensif discours du comédien de la Porte-Saint-Martin, Volnay, au nom de l'Association des artistes dramatiques, dont Bocage avait été un des fondateurs. « Bocage, dit-il, est né d'*Antony*, il est mort au marquis

(1) Voici l'acte de décès : « Le 31 août 1862, deux heures du soir, acte de décès de Pierre-François Touzé, artiste dramatique, décédé le 30 de ce mois, à huit heures et demie du soir, en son domicile, 71, boulevard Beaumarchais, âgé de soixante-deux ans huit mois, né à Rouen (Seine-Inférieure), veuf de Henriette Rosalie Vatinelle, fils de Guillaume Touzé et de Marie-Anne Elisabeth Porée, tous deux décédés. Le présent acte dressé d'après la constatation prescrite par la loi et sur la déclaration faite, à nous, officier de l'état-civil, par les sieurs Eugène Bocage, professeur, trente-six ans, et de Félix Richard, ingénieur-mécanicien, cinquante-trois ans, boulevard du Combat, 10, qui ont signé avec nous, après lecture. (Extrait des minutes des actes de décès du 3e arrondissement de Paris). »

de *Bois-Doré* ; il est mort sur le champ de bataille du travail. » Avant de quitter le cimetière, l'engagement fut pris par les assistants d'élever un monument qui fut, en effet, édifié, se composant d'un jeu de parpaings, d'une pierre tombale et d'une stèle (1).

— Ce n'est pas un petit honneur pour Bocage, disait le chroniqueur de l'*Illustration*, que la mort de cet honnête homme, de ce sincère et vaillant artiste ait triomphé pendant un si long espace de temps de la légèreté parisienne : les obsèques avaient eu lieu depuis quarante-huit heures qu'on en parlait encore. Et elles avaient eu pourtant, ces obsèques, tous les caractères où la mémoire du défunt survit le moins de temps aux honneurs qui lui sont rendus : gravité, décence, larmes sincères, discours d'hommes marquants, paroles éloquentes et même hardies. Ce qui n'empêcha pas que, à la réouverture de l'Odéon, on ne parlât encore, avec émotion, entre deux actes, que de Bocage, et que deux jours, deux grands jours plus tard, en pleine ouverture du nouveau théâtre de la Gaîté, il ne fut encore question que de lui. »

(1) La sépulture se trouve dans la 16e division, ligne n° 66, vers l'Est. Mme Bocage y avait été inhumée le 5 avril 1855. La fille de Bocage, Mme Basset, y fut enterrée en 1894. Le dernier corps fut celui du gendre de l'artiste, M. Basset, décédé en 1903.

CHAPITRE XIV

VUE D'ENSEMBLE

Rien n'est difficile comme de se représenter exactement le jeu d'un grand comédien disparu, fût-ce malgré de nombreux témoignages, car ces témoignages, s'adressant à des contemporains, supposent connus des éléments qui font défaut à la postérité.

Le drame romantique trouva en Bocage l'acteur le mieux fait pour représenter la mélancolie d'une époque fiévreuse, à la fois exaltée et jetée dans toutes les inquiétudes. Il s'identifia avec les personnages nés de ce mouvement des esprits. Il en traduisit nerveusement les doutes, les amertumes, les révoltes. Il les exprimait, non par des cris, non d'une façon déclamatoire, mais sobrement, par la concentration des sentiments qu'il avait à rendre, par l'intensité du feu intérieur qu'on sentait en lui. Ses effets de voix sourde étaient célèbres. On retrouve souvent, sous la plume de ceux qui ont parlé de lui, l'indication d'une sorte de fascination qu'il exerçait sur la scène. Son jeu était en profondeur de pensée, qui expliquait et justifiait sa fébrilité et son accent incisif, ayant ainsi leur source et leur motif dans la composition réfléchie du rôle. Peu de comédiens s'attachaient autant que lui à l'intelligence de l'idée générale d'une pièce, ce qui faisait dire un jour, en souriant, qu'il était « un acteur philosophique ». Mais, ses rôles, il les imprégnait aussi de poésie et c'était une des raisons de son prestige.

Il porta quelques-uns de ses succès comme une tunique de Nessus. Longtemps, on ne voulut voir en lui « que l'homme au monocle incrusté dans l'œil, qui enfonce un poignard dans une table d'auberge », l'Antony d'une sombre beauté qu'il avait été. C'est de tout temps qu'on a eu tendance à parquer dans un genre l'artiste, quel que soit son art, qui semble avoir réalisé la perfection d'un moment dans l'expression des idées et des goûts d'une époque. Cependant, comment ne pas reconnaître chez Bocage, bien qu'il gardât une personnalité tranchée, l'assouplissement à des créations très diverses ? Il ne fut inégal à lui-même que dans des rôles trop minces pour lui et qu'il était impossible d'étoffer. Aux autres, comme on l'a vu dans cette étude, il laissa son empreinte.

Le comédien — son nom a comme garants, dans l'histoire du théâtre, Hugo, Dumas, Alfred de Vigny, George Sand, Gozlan, Ponsard — fut vaillant, accessible à la compréhension de toutes les tentatives et, ce qu'on ne saurait oublier, les provoquant, lié par là à la production dramatique d'un temps, mêlé à sa vie intellectuelle. Il aima passionnément le théâtre ; il en fut un croyant, persuadé de sa vertu d'enseignement, prêt à tout lui sacrifier, et lui donnant son dernier souffle. Pauvre en ses derniers jours, après être né pauvre, peut-être fait-il ainsi plus grande figure. L'homme eut ses travers : on ne les a pas dissimulés au cours de ces pages qui n'ont eu l'ambition que de présenter, avec vérité, le tableau d'une carrière d'acteur dans son milieu, et d'un acteur représentatif des influences d'idées et de sentiments d'une partie du dernier siècle. Mais au delà du goût d'afficher, fût-ce inopportunément, l'intransigeance de ses principes, au delà d'ombrageuses susceptibilités ou de quelques manifestations de cet orgueil excessif, auquel échappent peu de ceux qui ont connu les succès de la scène, Bocage eut du caractère et, dans ce caractère, il y eut de la droiture. Dans un monde où, par d'inévitables heurts, on se brouille facilement, il garda de longues amitiés. « Heureux, dit-on sur sa tombe, heureux sont ceux auxquels on ne peut reprocher dans leur existence que d'avoir eu des convictions ! »

TABLE DES MATIÈRES

TABLE DES PLANCHES

Imp. des *Presses Universitaires de France*, Paris. — 1925. — 0278

ACTEURS & ACTRICES D'AUTREFOIS

DOCUMENTS ET ANECDOTES

Publiés sous la direction de M. LOUIS SCHNEIDER

Ouvrages parus :

MÉLINGUE, par J. **TRUFFIER**, de la Comédie-Française, professeur au Conservatoire.

SAMSON, par **Pierre VEBER**, auteur dramatique.

MADEMOISELLE MOLIÈRE, par **Henry LYONNET**, auteur du *Dictionnaire des Comédiens français*.

BOCAGE, par **Paul GINISTY**, ex-directeur de l'Odéon,

Sous presse :

MARIE DORVAL, par **André ANTOINE**, fondateur du Théâtre-Libre.

RACHEL, par **Louis BARTHOU**, de l'Académie Française.

MADEMOISELLE MARS, par **Lucien DESCAVES**, de l'Académie Goncourt.

LA DUGAZON, par **Hugues LE ROUX**, homme de lettres.

ADRIENNE LECOUVREUR, par **Georges RIVOLLET**, auteur dramatique.

LA CHAMPMESLÉ, par **Mme SEGOND-WEBER**, sociétaire de la Comédie-Française.

FRÉDÉRICK LEMAITRE, par **SILVAIN**, doyen de la Comédie-Française

Chaque volume in-8° écu, avec planches en phototypie. **12 fr.**

Tirage de luxe numéroté sur papier Lafuma, limité à 100 exemplaires. . . . . **30 fr.**

On peut souscrire à la série de luxe des dix premiers volumes pour le prix de **300** francs.

6487. — Coulommiers. Imp. PAUL BRODARD. — 10-25.

www.ingramcontent.com/pod-product-compliance
Ingram Content Group UK Ltd.
Pitfield, Milton Keynes, MK11 3LW, UK
UKHW021141260726
13994UKWH00001B/248

9 782329 510651